Peter Bieri

자기
결정

• 이 도서의 국립중앙도서관 출판예정도서목록(CIP)은 서지정보유통지원시스템 홈페이지(http://seoji.nl.go.kr)
와 국가자료공동목록시스템(http://www.nl.go.kr/kolisnet)에서 이용하실 수 있습니다.
(CIP제어번호: CIP2015021877)

일상 인문학 005

행복하고 존엄한 삶은 내가 결정하는 삶이다

자기 결정

페터 비에리 지음 | 문항심 옮김

은행나무

차례

일러두기

• 본문의 주는 모두 옮긴이의 것입니다.
• 원문의 이탤릭체가 강조의 의미일 경우 굵은 글씨로 표기하였습니다.
• 본문에 등장하는 저작물 중 국역본이 있거나 통념적으로 널리 사용되는 명칭이 있는 경우 그에 따르며 원어명을 병기하지 않았습니다.
• 옮긴이가 이해를 돕기 위해 부연설명을 넣은 것은 모두 대괄호로 묶었습니다.

자기 결정의
삶은
어떤
모습일까?

우리 모두는 자신의 삶을 스스로 결정하기를 원합니다. 누구라도 열렬하게 공감할 이 이야기는 우리가 익히 알고 있는 두 가지 중요한 내용을 포함하고 있지요. 바로 존엄성, 그리고 행복입니다. 그런데 언뜻 익숙해 보이는 이 두 개념은 과연 무엇을 뜻할까요? 내가 내 삶을 정한다는 것은 어떤 의미일까요? 결정이라는 말, 그리고 독립성이라는 말은 어떤 개념일까요? 이 개념들을 어떻게 풀어나갈 것이며 또 거기서 어떤 현상들을 보게 될까요?

외부로부터의 압력이 없어야

맨 먼저 내릴 수 있는 정의는 사실 간단하고도 명료합니다. 우리는 자신의 생각과 감정과 소망대로 살고 싶어 합니다. 어떻게 생각할지 무엇을 말할지 어떤 행동을 할지 다른 누군가가 정하는 것을 원치 않아요. 부모의 간섭, 배우자의 은근한 독재, 고용주나 집주인으로부터의 협박, 정치적 압제 같은 것이 없기를 바라지요. 원하지 않는 것을 시키는 사람이 없길 바라는 것입니다. 외부로부터의 폭압, 즉 그 어떤 위협도 없는 상태를 원할 뿐만 아니라 우리가 경험하고 싶거나 하고 싶은 것을 못 하게 막는 질병이나 가난도 원치 않아요.

이것을 타인에 대한 배려 없이 오직 자신의 이익만을 추구하려는 소망과 혼동해서는 안 됩니다. 형식적으로만 본다면 자기 결정권을 그렇게도 해석할 수 있지만 그것은 우리 대부분이 현재 바라고 있는 것, 다시 말해 법적, 도덕적 규범 위에 성립된 하나의 집단 안에서 자립적으로 살아가는 일과는 다를 것입니다. 여기서 규범은 사회적 정체성을 규정짓는 역할을 합니다. 이 규범이 없다면 존엄성도 없고 행복도 없을 것이지요. 이렇게 해석을 내릴 때, 스스로 결정짓는 삶은 이 규범의 틀 안에서 외부로부터의 강제가 없는 삶, 그리고 어떤 규범을 통용할 것인지의 결정에 참여할 수 있는 삶을 말하는 것이 되겠습니다.

내적 독립성

앞에서 말한 것처럼, 이것은 비교적 간단하고 투명한 개념으로 사상적 원칙을 둘러싼 논란을 불러일으키는 개념이 아닙니다. 독립성이라는 개념은 이제 소개할 두 번째 측면으로 해석할 때 이해하기 다소 힘들고 복잡한 모습을 띠게 됩니다. 이에 따르면 독립성은 타인에 관한 것이 아닌, **스스로에 대해** 결정할 수 있는 능력을 말하는 것이 되지요. 외부 세계의 압제에 맞서 내 삶을 스스로 지휘한다는 것을 넘어서, 이제 그것과 완전히 별개의 의미로 내 삶의 작가, 내 인생의 주체가 되는 것이 주제가 됩니다. 이는 사고(思考)와 소망과 경험의 차원에서 내 행위의 직접적 바탕이 되는 내면세계에 영향을 미침으로써 이루어집니다. 삶의 내적 연출권, 즉 내 내면세계에 내가 지휘권을 갖는 이 영향을 우리는 어떤 모습으로 상상하면 좋을까요?

우리는 우리가 원하는 것과 생각하는 것에 있어서 '부동의 동력'[1]이 아닙니다. 컴컴한 어둠 속에 숨죽이고 앉아서 내적 드라마를 이리저리 조종하는 감독이 아니라는 말입니다. 또한 생각과 감정과 소망을 결정할 때에도 우리는 선행조건 없이 그저 하늘에

---

1 자신은 움직이지 않으면서 타자를 움직이는 힘.

서 뚝 떨어진 것처럼 아무렇게나 하지는 않습니다. 이 두 번째 의미로서의 자기 결정이라는 것은 소리 없이 일하는 난쟁이[2]로 인한 인격의 중첩도 아니고 원점으로 돌아가는 것을 상상하는 일도 아닙니다. 어떻게 살 것인지 자문하게 되기까지 이미 그 이전에 우리는 셀 수 없이 많은 일을 겪었고 수만 가지 것들에 영향을 받았습니다. 이러한 각인은 또 다른 것들을 향한 접점이 되는데, 우리는 이 접점들을 마음대로 결정할 수 없습니다. 하지만 만일 그렇다고 해도 별 상관이 없는 이유는, 그 반대 또한 생각할 수 없기 때문입니다. 원점에 서 있는 사람은 스스로 결정할 수 없으니까요. 아무런 소망도 없고 아무런 경험의 발자취도 없다면 기준이라고 할 만한 것이 없기 때문이지요. 우리의 의지와 경험이 자신의 개인적 정체성의 일부가 되기 위해서는 삶의 역사라는 바탕을 가지고 있어야 하며 동시에 삶의 역사가 주는 조건에 의해 제약이 되어야 합니다. 그러한 자기 결정권이 있다고 할 때, 자기 결정권은 그러한 선제 조건들로 이루어진 인과관계적 삶이 흘러온 틀 안에서의 영향력으로만 존재합니다.

이러한 생각은 혹시 위험하지 않을까요? 우리의 경험은 인격의 나머지와 인과관계, 즉 조건성의 관계를 통해 서로 그물처럼

---

2 큰 인격 안의 작은 인격.

얽혀 있습니다. 그러나 경험을 만들어내는 우리 안의 것들은 그들 나름대로는 외부 세계에 의해 인과적으로 결정되지요. 그런데 나의 생각과 의지와 감정 들이 세상에서 일어나는 사건들에 의해 이리저리 튀는 고무공의 신세라면 내가 그것들을 스스로 정한다는 말이 결국 말뿐인 허울이 되는 것 아닌가요? 사고하고 의지를 세우는 존재인 우리가 단순히 강물에 휩쓸려가는 모래알 같은 존재로 전락하는 것 아닐까요? 내가 원하는 많은 것들은 타인이 내게 말했던 것의 영향을 받아 특정한 것을 믿고 느끼고 바라도록 만들어진 데에 기원할 때가 많습니다. 인과관계의 사슬을 작동하는 사람은 타인이며 그 사슬의 끝에서 나의 경험과 그에 따른 행동도 변화하지요. 그렇다면 나는 타인의 도구나 장난감, 일종의 꼭두각시가 되는 것은 아닐까요? 만일 내가 매 순간마다 자신의 과거가 드리우는 그림자와 외부의 영향이 미치는 자기장 안에 있다고 한다면 어떻게 자기 결정권 운운할 수 있단 말입니까? 결국 모두 자기기만을 숨기기 위한 말장난 아닐까요?

그렇지 않습니다. 나의 내면세계가 외부와 아무리 밀접하게 얽혀 있다고 하더라도 하나의 세계와 또 다른 하나의 세계 사이에는 엄청난 차이가 존재합니다. 하나는 자신의 사고와 감정과 소망을 주관하여 말 그대로 삶의 **작가**요, 그의 **주체**가 되는 삶이고, 다른 하나는 어떤 사건을 단순히 맞닥뜨리거나 **당하여** 그 일로

인한 경험에 그저 속수무책으로 압도될 수밖에 없는, 그래서 주체가 되는 대신에 단순히 경험이 펼쳐지는 **무대**가 될 수밖에 없는 삶을 가리킵니다. 자기 결정을 이해하는 것은 바로 이런 차이를 이해하는 데서 출발합니다.

스스로를 테마로 삼기

여기 큰 파급 효과를 가지는 하나의 관찰 결과가 있습니다. 자신의 의견과 바람과 느낌 들에 관한 한 그저 맹목적으로 닥치는 대로 살아가거나 되는대로 맡겨선 안 되고 우리 스스로를 **테마**로 삼아서 스스로를 **돌볼** 수 있는 것이 우리 인간의 특징이라는 깨달음입니다. 이것은 뒤로 한 발짝 물러나 자신의 경험과 내적 거리를 둘 수 있는 능력입니다.

자기 자신과의 이러한 거리에는 두 가지 종류가 있습니다. 그 하나는 **인식**과 **이해**의 거리입니다. 내가 생각하고 느끼고 원하는 이것은 과연 **무엇**일까? 그리고 이 생각과 느낌과 소망은 **어떻게 생겨났을까?** 이러한 성찰의 사고방식에는 아주 중요한 생각이 하나 들어 있습니다. 그것은 **다르게** 생각하고 **다른 것**을 느끼고 원할 가능성이 존재한다는 인식입니다. 자기 결정이 가능한 우리

같은 존재에게 **가능성**이라는 것은 큰 의미를 지닙니다. 이것은 인간이 삶을 이끌어나가는 데에 하나의 방식, 자기만의 방식뿐 아니라 수많은 전혀 다른 방식이 있다는 생각입니다. 자기 결정은 가능성에 대한 인지력, 즉 상상할 수 있는 능력을 필요로 합니다.

이제 내적 거리의 두 번째 종류를 보면 자신의 경험에 대한 **평가**가 어떻게 이루어지는지 더 분명하게 드러납니다. 항상 견지해오던 나의 사고방식에 만족하는가, 아니면 이제 더 이상 설득력을 가지지 못한다고 생각하는가? 나의 두려움, 시기심, 증오가 마땅한 것으로 생각되는가? 정녕 나는 윗대로부터 물려받은 이 증오심을 다시 물려주는 사람이 될 것인가? 부모님이 갖고 있던 두려움을 계속 이어갈 것인가? 아니면 화해와 마음의 여유를 누릴 줄 아는 사람이 될 것인가? 같은 질문을 내 소망과 의지에도 똑같이 던져봅니다. 좀 더 많은 돈, 좀 더 높은 지위를 추구하는 나의 의지가 정말로 내 마음을 편하게 하는가? 내가 진정으로 화려한 삶과 요란한 성공을 좇는 사람인가? 혹시 수도원 같은 고요 속에서 마음의 안식을 얻는 유형은 아닌가?

우리 스스로 이룰 수 있는 이러한 새로운 인식, 그리고 평가하며 거리 두기에는 사실 신비로운 요소가 없습니다. 비밀스레 두 개의 인격을 가질 필요도 없고요. 다만 일차적인 사고, 감정, 소망에 방향을 맞추어 이차적인 사고, 감정, 소망을 발전시키는 능력에 달려 있을 뿐입니다. 이 능력으로부터 자기 결정이 성공하는 경험을 하느냐 하지 못하느냐에 결정적인 역할을 하는 그 무엇이 탄생하는데, 그것이 바로 **자아상**입니다. 자아상은 우리가 어떤 모습이고 싶은가에 대한 생각입니다. 지금 여기서 말할 수 있는 것은 다음과 같습니다. 우리의 삶이 내적으로 그리고 외적으로 우리의 자아상과 조화롭게 어울릴 수 있을 때, 그리고 우리가 행위와 사고와 감정과 소망에 있어서 되고 싶어 하는 모습의 사람이 되었을 때, 그것을 자기 결정적 삶이라고 할 수 있다는 것이지요. 바꿔 말하면 자기 결정이 한계에 부딪히거나 실패하는 것은 자아상과 현실 사이에 큰 간극이 존재할 때라고 할 수 있습니다.

스스로를 알기

그러나 이게 말처럼 쉽지 않습니다. 자아상은 대체 어디서 오는 것이며, 자기 자신과 일치를 이루며 그 내면에서 일어나는 갖가지 일들과 일체감을 가지게 하는 과정은 어떤 형태일까요?

이러한 종류의 자기 결정을 이루는 내적 구조 변경은 정신적 삶의 강 한가운데에 우뚝 솟아오른 고고한 곳으로부터 내려오는 어떤 명령에 의해 이루어지는 것이 아닙니다. 내가 나를 판단하는 위치는 이 강의 일부분이며 다시금 내 특정한 사고나 소망이나 감정에 근거하고 있습니다. 또한 자아상의 기준이라는 것도 손댈 수 없는 신성한 것이 아닙니다. 이러한 자아상에 허리를 굽히는 것이 아니라 자기를 구속하고 노예처럼 옭아매는 생각을 과감히 던져버리는 일이 오히려 더 중요할 때도 있지요. 그리고 영향력에 대해서도 그것을 잘못 해석하지 말아야 합니다. 다시 말해 내적 구조 변경은 어느 날 그렇게 하겠다고 결심하여 영혼의 연금술로 뚝딱 이루어지는 것이 아닙니다. 그것을 위해서는 환경을 바꾼다든가 새로운 경험을 해본다든가 낯선 인간관계를 개척한다든가 필요할 경우 치료나 훈련을 받는다든가 등등 외적인 우회로가 많이 필요하지요. 이 모든 것은 내적 단조로움과의 싸움, 체험과 바람이 변화 없이 굳어버리는 현상과의 투쟁입니다.

이 싸움에서 이길 수 있는 가장 좋은 방법은 자기 인식에 있습니다. 원하는 나의 모습과 현재의 내가 너무 달라 계속해서 마음의 괴로움에 시달리고 있다면 자아상뿐만 아니라 자꾸만 고개를 쳐드는 그 욕구들의 근원지를 찾아 나서야 합니다. 알지 못하고 이해하지 못하는 사이 나를 조종하는, 나의 느낌들과 내가 원하는 것들의 표면 밑에서 흐르고 있는 소용돌이를 감지해내는 것이 중요합니다. 자기 결정은 내가 나 자신을 이해하는 것과 굉장히 깊은 연관이 있습니다. 개인의 삶은 겉으로 드러나는 이력이나 의식되고 있는 내적 이력이 보여주는 것보다 더 많은 생각과 감정과 상상력을 내포하고 있습니다. 현실적인 자아상에 도달하여 그 자아상과 합일을 이루려 하는 사람은 의식되지 않은 삶의 이력을 꿰뚫어 보는 작업을 시도해야 합니다. 이렇게 해야만 자기 인식에 걸림돌이 되는 내적 강박과 자기기만을 해결할 수 있지요. 자기 인식은 우리로 하여금 투명한 정신적 정체성을 형성해 주고, 이를 통해서라야만 말 그대로 삶의 작가와 삶의 주체가 될 수 있게 해주는 것입니다. 즉 자기 인식은 사치품이나 뜬구름 같은 철학적 이상이 아니라 자기 결정적 삶, 더 나아가 존엄성과 행복의 구체적 조건입니다.

자신을 말로 표현하기

그런데 스스로에게 묻는다는 것, 스스로를 이해한다는 것, 변화한다는 것, 이것들은 과연 정확하게 무엇을 의미하는 걸까요?

이는 말과 큰 관계가 있습니다. 우리가 생각하고 경험하는 것들에 대한 정확한 말을 찾아내는 것입니다. 자신에 관해 결정한다는 것, 이것은 자신의 생각에 관해 방향을 정하고 믿어왔던 것들을 다시 한 번 시험대에 올린다는 것을 뜻하기도 합니다. 내가 이 나라에 대해, 이 경제적 성장에 대해, 이 정당에 대해, 내 결혼생활에 대해 생각하고 있는 것이 맞는 걸까요?

확실하다고 믿어오던 것들에 대해 긍정과 부정의 증거를 찾아가는 동안 나는 그 확신들이 변화할 수 있는 내적 과정의 문을 열게 됩니다. 이 과정이 충분히 반복되면 내 의견의 총합이 완전히 탈바꿈하여 결과적으로 생각의 정체성이 변화하게 됩니다. 때문에 중요한 일을 맞닥뜨렸을 때 그것을 명백히 밝히는 과정이 자기 결정의 한 행위인 것이지요. 특정한 정당을 선택하거나 하나의 종교에 귀의하거나 낙태 반대 시위에 참가하는 등의 이유가 집안 대대로 그렇게 해왔기 때문일 수 있습니다. 그런 사람은 사고의 들러리로 살아온 것이지요. 그러다가 비판적 물음을 통해서 익숙하던 생각의 패턴에서 한 발짝 거리를 두고 검증 과정을 통해 생각의 주인 자리를 찾게 됩니다.

이것은 자신이 지녀온 언어적 습관과 거리를 두는 것과도 큰 연관이 있습니다. 우리가 생각하고 또 알고 있다고 자신하는 많은 것들이 모국어를 그대로 따라 함으로써 생겨나기 때문이지요. 어떤 것을 다들 그렇게 부르니까 나도 그냥 그렇게 부르는 것이에요. 사고에 있어서 성숙해지고 자립적이 된다고 하는 것은 우리가 무엇을 생각한다고 믿게끔 속이는 맹목적인 언어 습관에 대해 잠들어 있던 측을 세우는 것을 뜻하기도 합니다.

이러한 경각심은 두 가지로 표현할 수 있습니다. 첫째는 정확한 **의미**를 따져보는 것이고 둘째는 그것이 그 의미를 가졌다는 것을 과연 무엇을 통해 **알게 되었는가**를 생각하는 것입니다. 자유, 정의, 애국심, 존엄성, 선과 악 등 중대한 주제를 접했을 때 본능처럼 이러한 질문을 제기하는 것이 익숙해지는 삶이 바로 자기 결정적 삶입니다. 자신에 대해 결정한다는 것은 사고를 조망하는 능력과 사물의 명확함을 추구하는 일 모두에 언제나 굽힘 없는 열정을 가진다는 것과 통합니다. 이 열정은 플라톤적인, 철학적 열정과 맞닿아 있지요. 여기서 과감히 플라톤적 대화의 방법적 기본 사상을 표현해본다면, 문법적으로 잘 만들어진 문장이 전부 어떠한 사상을 나타낸다는 생각을 경계해야 한다는 것입니다. 표면적으로는 아무 이상이 없지만 사유 면에서 아무런 내용도 없이 오직 잡설에 불과한 문장들이 지천에 널려 있습니다. 이것은 소크라테스가 정의와 의미와 진실 같은 것들을 도마 위에 올려놓고 상대방 자신이 무엇에 대해 말하는지조차 모르고 있다는 것을 깨닫게 했을 때 드러났던 것이지요. 이렇게 하면 상대방은 대화의 말미에 이르러 전보다 더 정신을 바짝 차리게 되며 익숙하게 사용해왔지만 내용적으로는 빈 화법들에 의구심을 품게 됩니다. 그래서 저는 항상 학생들에게 이렇게 말해왔습니다. 철학은 사고

한다는 개념이 그 어떤 다른 학문보다 중요시되는 학문이라고요. 그에 따라 자기 결정이라는 개념도 똑같이 중요시되는 거지요.

그러나 언어의 깨어 있음과 정확성은 사고에 관여하는 정체성에 한해서만 결정적인 중요성을 가지지 않습니다. 우리가 자신의 소망이나 감정적 측면을 되묻고 그것들을 이해하려 하며 자기 결정의 측면에서 영향력을 행사할 때에도 중요한 요소가 되지요. 우리가 어떤 일에 대해 말하는 것은 대부분의 경우 그 일에 큰 영향을 미치지 않습니다. 그러나 겪었던 일을 말로 표현함으로써 자기 자신을 파악하고 이해하려고 할 경우엔 다른 결과가 나옵니다. 어떠한 일에 대해 자신이 어떻게 생각하는지 자문하며 그동안 틀림없다고 확신하던 생각에 대한 증거들을 다시금 살펴볼 때, 그것이 검사대에 오르고 테마가 되었다는 사실 자체만으로도 그 확신에 변화의 가능성이 있다고 느낀 경험이 우리에게는 있습니다.

그렇다면 이렇게도 말할 수 있지 않을까요? 인식함은 인식된 것을 비로소 완성한다, 또는 어떤 것에 대해 말함은 말해진 내용을 형성한다, 라고요. 감정이나 소망 같은 경우에서도 같은 맥락을 발견할 수 있으나 그것은 사고보다 더욱 복잡하며 한눈에 들어오지 않는 양상을 띱니다. 우리가 느끼고 바라는 많은 것들은 우선 우리 자신에게조차 혼란스럽고 불투명합니다. 상황과 그동안의 경험이 거쳐온 경로를 눈앞에 그려보는 해명과 명확화의 과정은 여기서도 대상을 그 가집니다. 다시 말해, 우리가 어떤 감정과 바람의 정체를 밝히고 표현하며 그것을 다른 감정이나 바람과 차별화하는 법을 배우는 과정에서 그 감정에 대해 전보다 확실히 더 명확하고 뚜렷한 윤곽선을 갖게 된다는 뜻입니다. 언어로 표현하고 만들어가는 과정을 통해 혼란스러운 느낌들은 감정적 확신으로 변화합니다. 이것을 일반화해본다면, 경험을 나타내는 우리의 언어가 세분화될수록 경험 자체도 세분화된다고 할 수 있겠지요. '감정 교육(Éducation sentimentale)'이라는 표현은 바로 이것을 말하는 것입니다.

자기 자신에 대한 이해와 표현이 허공에 울리는 메아리에 그치지 않고 내적 구조까지 변경하는 이러한 과정을 다르게 표현한다면, 자기표현 과정을 통해 개인적 정체성을 만들어가는 작업을 한다고 말할 수 있을 것입니다. 무의식적인 것을 언어로 나타냄으로써 의식 위로 끌어올리는 것도 이 작업의 하나지요. 어떤 경험에 대한 새로운 서술을 찾아내는 데에 성공해서, 이제 그 감정이 어떤 사람에게 느끼는 단순한 부러움이 아니라 그 사람을 미워하는 마음이 포함된 것임을 밝혀낸다면 나의 인식은 새로운 국면에 도달하게 됩니다. 다른 사람과의 관계가 걸어온 족적을 자세히 들여다보면 내가 가진 미움의 감정이 과거의 사건, 예를 들면 상대방에게 무시당했거나 모멸감을 느꼈던 사건에 연유했다는 것을 알아낼 수도 있습니다. 그것은 그동안 억지로 밀어내 땅속 깊은 곳에 묻어놓고 스스로 인정하지 않았던 감정일 수 있지요. 가정에서 출발한 이 인식은 이제 그 인과적 힘을 펼쳐서 우리로 하여금 내적 검열의 선을 부수고 부정돼왔던 감정을 더없이 명확하고도 제약 없이 느낄 수 있도록 해줄 수 있는 것입니다. 이런 식으로 무의식은 언어적 표현을 통해 의식적인 것이 될 수 있습니다.

일단 인식된 경험을 세분화하고 구체화하는 것, 그리고 다른 한편으로는 의식되지 못한 것을 의식화하는 것, 이 두 가지 방법은 우리가 언어적 발현을 통해 우리의 감정에 영향력을 행사하고 자기 결정의 적용 범위를 내면으로 확장할 수 있는 방법입니다. 나아가 우리가 자신의 감정에 동감하여 그 감정을 정신적 정체성에 융합시킬 수 있는 바탕인 현실적인 자아상을 발전시키는 데에 큰 역할을 하지요. 그리고 제가 보기에 이러한 융합은 자기 결정이 의미할 수 있는 유일한 것입니다. 왜냐하면 감정은 임의로 켜거나 끌 수 있는 것이 아닐뿐더러 싫다고 없앨 수 있는 것도 아니기 때문입니다. 감정을 스토아적 냉정함으로 무력화하려는 시도에 대해선 다음과 같은 주장을 소개하고 싶습니다. 우리가 감정과 더불어 살고자 하는 이유는 무엇보다도 그것이 우리에게 **중요한** 것이 과연 무엇인지 가르쳐주기 때문이라는 것입니다. 다만 한 가지 잊지 말아야 할 것은 감정에 이리저리 튕겨나가는 고무공이 되지 않는 것, 그리고 감정이 가진 권력을 우리 안에서 휩쓸고 돌아다니는 이물질로 경험하지 않아야 한다는 것입니다. 우리는 감정을 긍정된 정신적 정체성의 한 부분으로 느껴야 합니다.

시간을 이야기하기

우리가 이렇게 자신의 정체성을 가지고 작업할 때 언어는 또 다른 방식으로 중요한 역할을 수행합니다. 바로 기억을 정리하는 데에 도움을 주는 것이지요. 언어 능력이 없는 존재들에게도 물론 기억이란 것이 있습니다. 그러나 그들은 기억들 간의 일종의 연관관계 같은 것을 생산해내지 못합니다. 이것은 언어로 서술되는 기억을 통해서만 가능한 것이지요. 말하는 존재가 무언가를 기억해낼 때 그 기억이 과거의 에피소드에서 튀어나온 섬광처럼 불려 나오는 경우는 매우 드뭅니다. 대부분 하나의 에피소드는 이야기의 일부분으로 기억되니까요. 그래서 무언가를 기억한다는 것은 경험된 과거를 스스로와 타인에게 이야기하는 것을 뜻할 때가 많습니다.

이야기하기에서 그 중력의 구심점이 되는 것은 자기 자신입니다. 즉 나에게 경험된 과거의 이야기를 할 때 그 이야기는 전부 나를 중심으로 돌아간다는 말이지요. 이러한 이야기하기는 절대로 사실 그대로의 중립적인 묘사가 되지 못합니다. 나의 이야기는 선택적이며 평가적이고 자신이 가지고 있는 자아상에 부합하도록 편집되어 있으니까요. 그래서 기억을 이야기한다는 것은 앞뒤가 맞아 떨어지도록 언제나 적당한 첨삭이라는 요소를 포함합니다.

경험된 과거를 말로 표현하는 우리의 능력은 그러므로 두 개의 얼굴을 가집니다. 첫 번째 얼굴은 자아상을 발전시킬 수 있도록 허락하는 측면입니다. 이때 자아상은 과거를 특정한 방식으로 경험하고 나서 결국 미래를 향한 설계도를 가진 현재에 도달한 한 사람의 초상화지요. 우리는 각자의 삶에서 의미를 찾아내기 위해, 그리고 지금의 삶을 계속 진행하기 위해 이 자아상이 필요합니다. 또 하나의 얼굴은 모든 자아상이 그 진위가 모호하고, 착각과 자기기만과 자기 설득으로 가득 찬 구조물이라는 사실입니다. 자아상은 진실이 밝혀져 어쩔 수 없을 때나 도덕적으로 나은 사람이 되고 싶을 때 등등 때에 따라 고쳐지곤 합니다. 그렇게 되면 이야기가 새롭게 짜이고 앞뒤가 맞는 또 다른 정황이 생겨나며 맞지 않는 부분은 억지로 잊히고 익히 알고 있던 것이라도 새로이 윤색된 이야기가 만들어집니다.

이 과정은 물론 복잡하고 번거로우며 종종 기만적이기도 합니다. 그럼에도 불구하고 이것은 자기 결정에 있어 매우 중요한 요소입니다. 시간을 그냥 흘려보내거나 묵인하지 않고 그야말로 자기 삶의 시간으로 만들 수 있도록 허락하기 때문이지요. 기억이 강력하게 압도적인 그 힘으로 어떤 의지를 자꾸만 방해하거나 무시당하고 분열된 과거가 되어 우리의 경험과 행위를 비열한 어둠 속에 꼼짝 못하게 옭아맬 때, 정신의 지하 감옥이 되고 맙니다. 오직 그들을 언어로 불러내야만 그 폭력에서 벗어날 수 있습니다.

기억은 이야기될 때 이해 가능한 것이 되고 우리는 기억의 힘없는 희생양이 되는 것을 피할 수 있습니다. 기억은 우리 마음대로 할 수 있는 것이 아닙니다. 기억이 생기는 것을 막을 수도 없고 잊고 싶다고 해서 지울 수 있는 것도 아니지요. 이런 의미에서 볼 때 기억하는 존재로서의 우리는 자기 결정적 존재가 아닙니다. 자기 결정적 존재가 되려면 일단 이해하는 위치에 있어야 합니다. 즉 기억이 휘두르는 힘과 끈질김을 우리의 정신적 정체성의 표현으로 보는 법을 배우고 나면 기억은 더 이상 외부 이물질이 아니게 되어 적군으로서의 공격을 멈추게 되는 것입니다.

여기서 생성되는 스토리가 있는 자아상은 미래에까지 죽 이어져 쓰입니다. 그저 하루하루 보내면서 미래에 가까이 다가가는 것이 아니라 스스로 결정한 계획을 가지고 만나게 되는 그 무엇으로 경험하기 위해 우리는 우리가 누구인지 그리고 누가 되고 싶은지에 대한 그림, 즉 우리 자신에게 설명하는 그대로 우리의 과거와 일치하는 그림이 필요합니다.

그렇게 되면 현재의 경험도 달라집니다. 우리는 때때로 현재의 찰나에 의해 압도당하기를 바랍니다. 그 어느 것에도 영향을 주지 않고 통제도 하지 않고 그 어떤 말도 하지 않은 채 말입니다. 그러나 그런 순간에서 해방감을 느끼는 이유는 직접적으로 체험하는 무언어적 현재에 의미를 부여하고 무게감을 선사하는 자아상의 서술적 네트워크가 머릿속 깊은 곳에 있기 때문입니다. 이해되지 않은 현재의 힘은 비록 강력할지 모르지만 우리로 하여금 말할 기회를 주지 않기 때문에 위협적이고 이질적으로 느껴질 수 있습니다. 우리와 직접적으로 관련을 맺고 있는 집중적 현재는 이해될 수 있고 서술 가능한 현재입니다. 그러므로 자기 결정을 가르치는 학교가 있다면 그곳에서는 현재를 잘 느끼는 방법 또한 배울 수 있다고 표현할 수 있겠습니다.

강력한 아군으로서의 문학

지금까지 우리의 사고, 소망, 감정, 기억 등에 대해 이야기한 것을 달리 표현해본다면, 자기 결정의 의미는 우리가 그것들을 **배**

워 자신의 것으로 만드는 것이라고 할 수 있습니다. 이것은 상당히 어려운 과업입니다. 어떤 의미에서는 가장 어려운 과제일 수도 있지요. 그러나 우리는 혼자가 아닙니다. 우리에게는 문학이 있습니다. 문학은 어떻게 우리에게 도움이 될까요? 읽기와 쓰기가 자기 결정력을 습득하는 데에 어떤 역할을 하는 것일까요?

문학작품을 읽으면 사고의 측면에서 가능성의 스펙트럼이 열립니다. 인간이 삶을 이끌어나가는 모습이 얼마나 다를 수 있는가를 알게 되는 것이지요. 문학작품을 읽기 전에는 미처 생각하지 못했던 지점에 대해 이제 상상력의 반경이 보다 넓어진 것입니다. 이제 더 다양한 삶의 흐름을 상상해볼 수 있게 되었고 더 많은 직업과 사회적 정체성, 인간관계의 다양한 종류를 알게 됩니다.

뿐만 아니라 한 삶의 내적 관점에 대해서도 우리의 공감 능력이 성장합니다. 우리는 정신적 정체성의 성공과 실패, 발전에 대해 많은 것을 알게 됩니다. 그리고 자기 결정을 구성하는 것이 무엇인지, 실패하면 어떻게 해서 실패하는 것인지도 알 수 있지요. 문학작품을 읽음으로써 이러한 현상이 어떻게 생성되는지에 대한 이해가 깊어가는 것은 자기 결정을 추구하고, 자신에게 중요한 것이 무엇인지, 어떤 사람이 되고 싶은지 자문하는 사람에게 결정적인 의미를 가집니다. 이러한 질문의 답은 오직 여유로운 가능성의 장 안에서 여러 가지로 입장을 바꿔보는 정신적 활동을 할 때에만 얻을 수 있습니다.

우리는 앞서 자기 결정에 있어서 자아상의 서술적 구조가 얼마나 중요한지 살펴보았습니다. 문학에서 배울 수 있는 것은 자신의 이야기를 서술하는 방법입니다. 내외적 에피소드에 관한 짧은 글들은 빨리 배울 수 있습니다. 그러나 자신에 대해 좀 더 길고 복잡하게 서술하는 것은 긴 호흡과 하나의 구조가 필요하기에 그보다 더 어렵습니다. 문학이, 아니 오직 문학만이 우리에게 가르칠 수 있는 것은 절정을 향한 드라마적 전개이며 이 부분이 자아상의 핵심을 조명하는 것입니다.

자신의 삶을 결정하고 명확한 정체성을 추구한다는 의미에서 삶을 변화시키는 데에 독서보다 좀 더 큰 역할을 하는 것은 이야기를 직접 쓰는 것입니다. 하나의 이야기는 무의식의 판타지라는 깊은 기저에서 온 것일 때라야만 읽는 사람을 사로잡는 큰 매력을 지닐 수 있습니다. 더불어 이야기를 쓰는 사람은 내적 검열의 경계를 느슨히 하고 평소라면 무언의 어둠 속에서부터 경험을 물들이던 것을 언어로 나타내야 합니다. 이것은 거대한 내적 변화를 의미할 수 있습니다. 소설 한 편을 쓰고 나면 그 사람은 더 이상 이전의 그와 완전히 똑같은 사람이 아닌 것입니다.

전과 같은 사람이 될 수 없는 또 다른 이유는 언어와의 관계가 변화했기 때문입니다. 문학은 경험을 언어로 생생하게 그려내는 일입니다. 그중에는 자신만의 목소리, 자신만의 선율을 찾으려는 시도도 포함되고요. 문학적 글쓰기는 말에게 그것이 가진 원래의 의미와 시적 힘을 되돌려주려는 노력입니다. 이런 것을 염두에 두고 글을 쓰는 사람은 자신의 언어를 다시 한 번 새롭게 습득할 수 있습니다. 그리고 그 과정에서 어떤 말이 자신에게 맞거나 맞지 않는가 하는 물음과 지속적으로 부딪히게 되지요. 이것은 개별적 단어 하나하나에 국한되지 않고 문장의 리듬과 단락 전체, 즉 말의 음악이라는 큰 틀에서 이루어집니다. 글을 쓰는 사람은 자기가 쓴 글이 어떤 울림을 가지는지 알아내는 과정에서 내가 누구인지를 발견하고자 합니다. 이 울림을 통해서 자신이 얼마나 순수한지 아니면 냉소적인지, 얼마나 감상적인지, 실망스러운지 아니면 분노해 있는지 나타낼 수 있습니다. 이것은 멀리 떨어져서 뭔가를 발견하는, 그냥 그뿐으로 그치는 행위가 아닙니다. 자신의 목소리와 자신의 울림을 발견하는 것은 우리를 변화시키는 사건이지요. 즉 우리 안에서 잘못된 울림을 내는 것을 추방하고 새로운 말과 새로운 리듬을 시도해보는 것입니다. 그러한 의미에서 하나의 소설을 끝내고 난 작가는 전과는 다른 사람입니다.

내가 기억하는 가장 오래되고 중요한 장면 중 하나는 책을 들고 말없이 소파에 앉아 아주 가끔씩 책장을 넘기는 사람들의 모습입니다. 나는 그 사람들이 왜 지루해하지 않는지 머리를 갸우

뚱거리며 축구를 하러 다시 밖으로 나갔지요. 글을 깨우치고 얼마 되지 않아 작가 카를 마이(Karl May)를 발견한 나는 강렬한 한낮의 햇빛을 가리려고 덧문을 내리고는 스탠드 불빛—밤과 꿈꾸기와 환상의 빛—만을 켠 채, 글을 읽으면서 펼쳐지는 상상력에서 비롯된 경험의 강물에 나를 온전히 맡기고 싶은 강한 욕구를 느꼈습니다. 책 속에서 펼쳐지는 일이 내 안에서 더 많은 작용을 일으켰기에 창문 너머 바깥세상의 일보다 더 진짜같이 느껴졌지요. 극장에 갔을 때도 그랬습니다. 영화가 끝나고 다시 거리로 나섰을 때 보게 되는 일상의 무의미한 일들보다 극장 안에서 펼쳐지는 픽션이 더 진짜 같았으니까요. 그리고 그 느낌은 영영 사라지지 않았습니다. 내 상상력의 물결, 상상의 중력에 이끌려 들어갈 때, 오직 그때만이 진정으로 나 자신에 대해 모든 것을 스스로 결정하는 느낌이 들었습니다.

타인: 도덕적 친밀감

지금까지 자기 결정적 삶을 살아가고 싶을 때 자신과 관련해 어떠한 일을 할 수 있는지 이야기했습니다. 이제 타인들이 어떤 역할을 하는지에 대해 이야기할 차례입니다. 자기 결정적 삶은 그들로부터 전혀 아무 영향도 받지 않는 것을 의미하는 게 아닙니다. 우리의 생각은 다른 사람들과 많은 연관을 맺고 있으니까요. 우리는 그들과 언어와 생활양식을 공유하며 그들에게서 교육을 받고 그들의 권위에 의지합니다. 우리 각자는 생각의 섬이 아니니까요. 감정과 욕구에 있어서도 마찬가지입니다. 우리의 감정과 소망의 방향은 흔히 타인과 그들의 행동을 향하는 경우가 많습니다. 그렇다면 타인으로부터 받는 영향력 가운데 우리의 자기 결정을 방해하는 것과 도움이 되는 것을 어떻게 구별할 수 있을까요? 인간의 사회생활에서 이처럼 중요한 질문은 몇 되지 않을 것입니다.

우리는 타인의 이익을 위해 자신의 소망이 실현되는 것을 포기할 때도 있고 상대방이 그렇게 해주기를 바라기도 합니다. 자신의 이익 대신 타인의 이익이 우리의 행위를 결정할 때 우리는 도덕적 관점에서 사고하고 행동한다고 말할 수 있습니다. 타인의 이익이 우리로 하여금 어떤 것을 하거나 하지 않게 만드는 이유가 되는 것, 바로 이것이 도덕적 존중과 배려의 핵심이기 때문이지요. 그렇게 되면 이제 나를 결정하는 것은 나 자신의 욕구가 아니라 타인의 욕구가 됩니다. 그렇다면 이것은 자기 결정의 상실이 아닌가요?

도덕적으로 행동하는 이유가 만일 외부 권위와 그것이 주는 징

벌에 대한 두려움 때문이라면 우리는 자기 결정의 상실을 경험할 것입니다. 마치 머슴과 같은 존재가 되는 것이지요. 그 두려움이 내부의 권위에 대한 두려움일 때도 마찬가지입니다. 그러면 우리는 스스로 삼은 자기 자신의 종이 됩니다. 도덕의식과 자기 결정이 서로 공존하려면 두려움이 원인이 되어서도 안 되며 열정 없는 의무감에 의한 것이어서도 안 됩니다. 자기 결정의 표현으로 이해될 수 있는 것이라야 하지요.

한 가지 방법은 이성적이고 공익적인 의미를 두어서 자기 자신의 이익으로도 해석하는 것입니다. 다시 말해 우리가 모두 도덕적 규범을 지킨다면 서로를 적대시하는 혼란 속에서보다 자기 결정력을 행사할 수 있는 여유 공간이 커지므로 결국 각자에게 모두 이득이 된다고 보는 것입니다.

그러나 그게 전부는 아닙니다. 우리가 맺는 인간관계 중에는 특히 소중하고 가치 있는 것으로 경험되는 것도 있는데 우리는 이것을 **도덕적 친밀감**이라고 부릅니다. 이러한 종류의 만남 안에서는 복합적이고 깊은 도덕적 감수성이 발전할 수 있습니다. 이는 서로를 이용하기만 하려는 적수들 사이에서는 불가능한 관계입니다. 도덕적 친밀감이 있는 만남에서는 분노와 원망, 도덕적 수치심, 후회 같은 감정도 일어나긴 하지만 또한 의리나 상대방의 도덕적 숭고함에 대한 감탄 같은 감정도 일어납니다. 이러한 감정들을 통해 사람들은 서로 단순히 사회적 게임을 같이하는 냉정한 동반자였다면 절대 될 수 없는 중요한 존재가 됩니다. 그리고 그들은 서로에게 중요할 뿐 아니라 자기 자신에게도 중요한 사람이 됩니다. 왜냐하면 도덕적 감정은 어떤 사람이 되고 싶은지에 대한 질문을 계속적으로 던지기 때문이지요. 이 질문은 자기 결정에 관한 문제가 나왔을 때 우리를 이끄는 질문이기도 합니다. 도덕적 친밀감은 비판적인 내적 거리를 자기 자신에게 보여줄 수 있는 능력을 지닌 사람들이 유지하는 인간관계입니다. 도덕적 수치심이나 후회는 자문할 수 있고 스스로 결정할 수 있는 존재에게만 의미가 있습니다. 그러므로 도덕적 친밀감은 자기 결정을 위협하는 것도 아니고 싫지만 억지로 감내해야만 하는 것도 아닙니다. 그것은 오히려 자기 결정의 자연스러운 표현인 것입니다.

타인의 시선

그러나 타인은 전적으로 자기 결정적 삶에 위협적 존재가 될 수 있습니다. 우리는 대부분의 시간을 타인의 시선을 받으며 살아가는데, 이 시선은 우리를 우리 자신에게서 끌어내 우리의 욕구에 의해 정의된 것이 아니라 다른 사람들의 기대에 맞춰진 생소한 삶 속으로 집어넣기도 합니다.

프랑스의 모럴리스트인 라브뤼예르는 이런 말을 남겼습니다. "우리는 외부에서 행복을 찾는 데에 그치지 않고 굴종적이고 올바르지 않으며 정의와는 동떨어진, 미움과 전횡과 편견으로 가득 찬 인간들의 판단 안에서 행복을 찾으려 한다. 대체 이게 무슨 미친 짓인가!" 그가 이 글을 쓴 것은 아카데미 프랑세즈로부터 세 번째로 입회를 거부당했을 때였습니다. 그가 말한 것은 인정받고자 하는 욕구, 우리가 누구인지 그리고 무엇을 하는지에 대해 타인의 칭찬과 확인을 받고 싶어 하는 소망이었죠. 이것은 매력적이고도 위험한 욕구입니다. 인생에서 너무 일찍 인정을 받은 사람들은 어느 날 문득 정신을 차려보면 자기 자신을 크게 놓쳐버린 느낌을 받는 그런 삶을 살게 되지요. 이것과 조금 다른 방향의 욕구도 위험하기는 마찬가지입니다. 바로 마땅히 있어야 할 타인으로부터의 인정이 없어 마음이 상하는 경우지요. 이것이 인정의 부재를 넘어 무시와 모멸이 되면, 마음에 상처를 입히는 것에 그치지 않고 파괴적인 힘을 발휘합니다.

타인이 휘두르는 그러한 힘으로부터 자신을 보호하려면 어떻게 해야 할까요?

이는 눈과 귀를 틀어막는다고 해결되지 않습니다. 다치지 않으려고, 잘못된 방향으로 끌려가지 않으려고 인공적으로 쌓은 내면의 성벽 안에 자신을 가둘 수 없습니다. 자기 결정적으로 발전해나가는 일은 타인의 시선을 맞닥뜨리고 그에 맞설 때만이 가능합니다. 여기서 가장 쉬운 방법은, 외부로부터의 모든 시선을 독립적인 정신적 정체성으로 되받아치는 것입니다. 그러나 타인으로부터 완전히 분리되어 생겨나거나 작용하는 정체성이란 존재하지 않습니다. 그러므로 타인의 시선과의 대결이 자기 결정적인 성질을 띠려면 자기가 누구인지 끊임없이 묻고 또 묻지 않으면 안 됩니다.

이 질문은 자아상과 자기 인식과도 물론 관련이 있지만 지금은 타인의 판단을 바라보는 눈에 더 초점을 맞춘 것입니다. 내가 가진 것 중 나는 보지 못하지만 타인은 볼 수 있는 것에는 어떤 것이 있는가? 타인의 시선은 나의 자기기만을 발견하는가? 이런 식으로 우리는 자신의 자아상을 점검하고 자기 인식에 새로운 전환점을 선사하는 계기로 삼을 수 있습니다. 그러나 이러한 자아 확인에도 우리가 거리를 둬야 할 측면이 있습니다. 바로 라브뤼예르가 꼬집었던 것으로, 타인은 어디까지나 타인에 불과하며 그들이 우리를 평가할 때 우리 자신과는 아무 관계도 없는 오직 그들만의 문제인 수만 가지 요인에 의해 그 평가가 왜곡되고 부정적이 된다는 사실을 잊어서는 안 된다는 것입니다. 자기 결정적 삶은 이러한 낯섦도 견뎌낸다는 것을 뜻합니다.

조종이 주는 악랄한 독성

자기 생을 스스로 이끌어나가고자 하는 욕구는 타인에게 **조종**당하지 않으려는 욕구와도 일치합니다. 꼭두각시가 되거나 다른 사람의 이익에 좌우되는 노리개가 되고 싶은 사람은 아무도 없습니다. 그러나 도망칠 수 없는 상황에 둘러싸일 때도 있고 때로는 자기 결정에 더 가까이 다가가기 위해 일부러 타인에 의해 변화되기를 자청할 때도 있지요. 조종당하는 것과 자기 결정을 해치지 않고 오히려 도움이 되는 영향을 받는 것 사이에는 어떤 차이가 있을까요? 저는 이 질문이야말로 가장 심층적이고도 까다로운 정치적 질문이라고 봅니다.

조종은 계획적으로 영향력을 행사하는 것으로, 여기 즉각적으로 떠오르는 몇 가지 예가 있습니다. 최면, 인식하지 못하는 사이에 주입되는 광고, 속임수, 정보의 차단, 사람의 감정을 비열하게 이용하는 행위, 그 어떤 생각의 형성도 못 하게 만드는 세뇌 작업 등입니다.

조종이 악랄한 이유는 무엇일까요? 이는 자아상에 의해 걸러

지지 못하는 영향력이며 대부분의 경우 자기가 가진 자아상과 너무나도 동떨어져 내적 상처를 유발하기 때문입니다. 이런 경우 독립적인 인격체로서의 우리는 무시당합니다. 제대로 된 독립적인 인격체로서 존재하는 것이 아니지요. 이것은 존엄성의 상실을 의미하는 가혹한 행위입니다.

가장 비열한 것은 겉으로 봐서는 그다지 눈에 띄지 않는, 세간에서 통용되거나 심지어는 높이 평가받는 장면이나 은유, 미사여구의 공식 등을 통한 은밀한 조종입니다. 세계와 우리 인간에 대해 이야기하는 방식 중에는 개별적이고 독립적인 자아상과 자기 결정적 삶의 방식을 전면적으로 방해하는 것들이 있습니다. 텔레비전, 신문, 정치적 연설 같은 것들이 이런 방식의 이야기들로 넘쳐나 수없이 많은 생각의 들러리들을 양산하지요.

그것에 대항하는 방법은 다음과 같은 질문을 던지며 깨어 있도록 노력하는 수밖에 없습니다. 사물을 서술하는 데에 이 방식이 정말로 옳은 방식인가? 내가 생각하며 느끼는 방식과 정확히 일치하는가? 막강한 권위에 의해 제정된 요란한 공식이 띠는 당위성이 지극히 당연하게 다가올수록 우리는 더욱 끈질기게 물고 늘어져야 합니다. 이것이 지금까지 우리가 이야기하고 있는 자신만의 목소리이며 참됨과 독창성에 있어서 중요한 요소입니다. 다른 이가 먼저 살아가고 먼저 이야기한 것을 그대로 따라 살아가는 것이 아니라, 자신의 생이 가르치는 논리에 따라 살아가는 것이지요.

저의 소망은 이 책에서 나온 자기 결정의 원칙이 현재 우리의 문화권에서보다 더욱 중요하게 취급되는 문화 아래 사는 것입니다. 지금의 문화에서는 원인이 있는 행위와 결정의 자유가 훨씬 더 가치 있는 것으로 통하기는 하지만 자기 결정이 좀 더 복잡한 형태가 되면 이야기는 달라집니다. 좀 더 복잡한 형태의 자기 결정을 구체적으로 말하면 다음과 같습니다. 자기 자신에 대해 비판적 거리를 유지하기, 각자 차별화된 자아상 만들어가기, 그 자아상을 마지막 순간까지 끊임없이 새롭게 고쳐나가며 발전시키기, 자기 인식을 넓혀가기, 자신만의 생각과 감정과 기억을 갈고 닦기, 소리 없이 이루어지는 타자의 조종을 명료히 꿰뚫어 보고 방어하기, 그리고 자기 목소리 찾기. 이 모든 것들은 지극히 당연하고 언제나 지켜져야 할 것 같지만 실상은 그렇지 않습니다. 성공과 실패, 승리와 패배, 경쟁과 순위의 논리가 너무도 시끄럽게 세계를 뒤덮고 있지요. 그것도 전혀 울리지 말아야 할 곳에서 울리고 있어요. 제가 원하는 문화는 조금 더 잔잔한 소리가 지배하는 문화, 자신의 목소리를 찾을 수 있도록 모든 사람이 도움을 받는 고요함의 문화입니다. 오직 그것이 최우선이며 다른 모든 것들은 그리 중요하지 않은 그런 문화 말이에요.

사족으로 덧붙이자면 이것은 공상가가 꿈꾸는 유토피아이며 공상적 유토피아입니다. 이 강의의 제목[3]도 그런 연유로 가정법을 썼습니다.

---

3 Was wäre ein selbstbestimmtes Leben?

두 번째
강의

자기 인식은
왜
중요한가?

이유를 모르고는 한 걸음도 옮길 수 없습니다. 걷다가 걷는 이유를 잊어버리면 일단 멈추지요. 이유가 생각나고 나서야 다시 가던 길을 가기 시작합니다. 우리는 어떤 행위를 하기 위해서 무엇을 원하는지 무엇을 하는지 이해해야만 합니다.

이것은 직장에 출근한다든가 극장에 가는 등의 단기적 행위뿐 아니라 인생의 긴 단락에 걸쳐 일어나는 행위, 예를 들면 대학 공부, 결혼, 창업, 책 집필 같은 것에도 해당됩니다. 이런 행위를 할 때에도 그 행위를 통해 어떠한 의지가 표출되는지, 그리고 그 행위가 우리 자신과 우리 삶에 어떻게 어울리는지 잘 알고 있을 때만이 계속할 수가 있습니다. 더 이상 이해가 되지 않는 순간 행위는 정지합니다. 장기적인 행위는 삶의 방향성에 대해 어느 정도 알고 있고 우리 자신이 누구인지 대강의 이해가 뒷받침될 때라야

가능하지요.

익숙하던 자아상이 더 이상 통용되지 못하면 지금까지 오던 길에서 한발 물러나 근원적 물음을 던지고 싶은 욕구가 일어납니다. 대체 여기까지 어떻게 온 걸까? 현재의 내 생각, 느낌, 소망이 지금까지 살아온 삶에 더 이상 맞지 않는 이유는 무엇인가? 이 생각과 감정과 바람은 도대체 어디서 왔는가? 그들이 변한 것인가, 아니면 내가 미처 잘 알지 못하고 있었던 것일까?

그렇다면 이제까지 가지고 있던, 습관과 우연한 만남들과 자신이 우연히 받은 교육에 의해 형성되었던 자아상의 진실성과 타당성을 점검할 때입니다. 그리고 그 자아상에 의해 왜곡되고 그늘져 있던 내 안의 동력을 자세히 살펴보아야 합니다. 말 그대로 자기 인식의 길을 찾아 길을 떠나는 것이지요.

어디를 봐야 하는가?

어떤 방법이 있을까요? 먼저 시선은 어디를 향해야 하는 걸까요? 자기 내부를 향해야 한다고 할 사람도 있을 수 있습니다. 그러나 눈을 감고 정신을 한데로 모으기만 한다고 해서 얻어지는 것은 없습니다. 내면세계의 윤곽을 서술하기에 알맞은 표현을 찾으려 탐색하는 일은 내적, 정신적 눈으로는 이룰 수 없어요. 우리의 사고와 감정과 소망이 펼쳐지는 세계는 고치 속에 갇힌 양 홀로 존재하는 영역이 아니기에 시선이 외부로 향하지 않으면 이해할 수 없기 때문입니다. 어떤 사안에 대한, 예를 들면 특정한 법률이나 전쟁에 관한 자신의 생각에 대해 알고 싶다면 시선은 안을 향할 것이 아니라 밖으로, 즉 그 사안 자체로 향해야 합니다. 어떤 사람이나 사건에 대해 가지는 감정에 대해 알려면 그 맥락과 상황 안에서 자신의 감정을 이해하는 것이 중요합니다. 그렇게 할 때만이 그 감정이 분노인지 경멸인지 사랑인지 감동인지를 알 수 있습니다. 또한 결정의 동기가 되는 바람이 어떤 것인지 알고 싶을 때에는 타인을 볼 때의 시선으로 자기 자신을 바라보고 외부에서 남의 행동을 관찰할 때처럼 행동해야 할 때도 있습니다. 그래야만 사실은 자신이 사람들에 둘러싸여 주목을 받는 생활이 아니라 홀로 조용히 살아가기를 원해왔다는 것 등의 깨달음을 얻을 수 있습니다.

그러므로 자물쇠를 채운 자신의 내부세계 안에서 자기 인식을 찾아 나선다면 그것은 오류일 것입니다. 한 줄기 깨달음을 주는 내부로의 시선이 사고와 감정의 어둠을 몰아낼 것이라고 말하는 은유적 문장들이 습관적으로 주는 유혹을 떨쳐내야만 합니다.

내적 성찰이 필요 없다는 이야기는 아닙니다. 그러나 이 관점에 이성적이고 균형 잡힌 해석을 부여하여 우리 모두가 알고 있는 핵심—보다 신중하게 주의를 기울이는 방법을 배워서 자신의 상태를 더욱 명확하고 상세하게 살피는 일—을 포착하자는 뜻입니다. 이렇게 하면 많은 것들이 명료해집니다. 신체적 상태와 감정, 기분, 기억의 개별적 부분, 백일몽과 상상의 흐름. 이러한 깨어 있음의 방법에 점점 익숙해질수록 현재 자신의 상황과 기분과 분위기를 더욱 능숙하고 신뢰도 있게 서술할 수 있게 됩니다. 그리고 이것이 자기 인식의 주요한 부분이 됨은 물론이고요.

그러나 이것은 시작에 불과합니다. 그 이후로 진행되는 것들은 내적 집중으로 더 이상 해결되지 않아요. 현재를 더 잘 이해하려고 할 때부터 이미 문제는 시작됩니다. 이 장에 들어오면서 언급한 것처럼 무언가를 하기 위해서는 그것을 왜 하느냐를 먼저 알아야 합니다. 우리를 움직이게 만드는 이유, 즉 주도적 역할을 맡는 데에 대한 확신이나 감정, 바람에 대한 개념이 있어야 하는 것입니다. 이것에 대한 인식의 각도는 그 폭이 매우 큽니다. 냉장고 문을 여는 행위나 슈퍼마켓에 가는 일 등은 그렇지 않겠지만 편지를 받고도 왜 답장을 하지 않는지, 왜 약속을 어기는지, 왜 대학에 가는지, 왜 직장을 그만두는지 같은 일들에 대해서는 표면적이고 단기적인 이해만 따를 수도 있고 좀 더 큰 의미와 깊이에 기반을 둔 해석을 내릴 수도 있습니다. 이럴 경우 깨어 있음은 별로 큰 도움이 되지 못해요.

여기서 주제가 되는 것은 깊숙한 곳에 근원을 둔 확신과 희망과 욕구에 대한 확인입니다. 이러한 확인에는 그 감정과 사고와 바람이 처음으로 태어났을 시기, 즉 과거로의 반추가 필요합니다. 나는 나의 경험들 안에서 어떻게 지금의 내가 되었는가? 그중 특정한 요인에는 어떤 것들이 있었는가? 트라우마가 있었는가? 어떻게 하나의 경험이 또 다른 경험으로 발전되었는가? 나의 사고와 경험 가운데 서로가 일치하는 것과 모순되는 것에는 어떤 것들이 있는가?

이러한 질문에 답하려면 시선을 내부로 돌려 나와 마주하는 것이 아니라 시선을 밖으로 돌려 타인을 이해하려 할 때와 크게 다르지 않은 시선으로 나를 보아야 합니다. 또한 내가 내 미래에 대해 이해하려 할 때의 방식과도 비슷하고요. 장기적으로 무엇을 목표로 삼고 원하게 될지 어떤 두려움을 가지게 될지 미리 아는 것은 사실 무척 어렵습니다. 그래서 과거의 행동 패턴을 현재에 그대로 전이해 미래로 옮겨 담는 것만이 최고의 방법이자 유일한 방법이 되기도 합니다.

내적 시선을 통한 깨달음이 그 시작입니다. 나는 현재 내 의식 상태를 즉석에서 스스로에게 보고할 수 있습니다. 자신에 대한 그 밖의 다른 모든 인식은 세계에 대한 인식과 크게 다를 것 없이 엮입니다. 즉 일어난 일을 관찰하고 결론을 내서 앞뒤가 맞는 그림을 그려내려 하며, 언제든지 수정을 가할 준비가 되어 있는 것이지요. 이런 작업 가운데 나는 자신을 바깥 세계로부터 단절된 투명한 내부 세계에 살고 있는 사람으로 보지 않고 전체 세계 안에서 다른 부분들과 서로 영향을 주고받으며 발전하는 한 일부분으로 봅니다.

권위는 어디에 있는가?

우리가 누구인지 알고 이해하기 위해 바깥으로의 시선이 필요하다면 우리는 제한된 의미로만 우리 안에서 권위를 가지고 있는 것입니다. 사람은 누구나 자기 자신과 가장 많은 시간을 보내고 대부분의 신경을 자신에게 쓰면서 삽니다. 그러므로 그 어떤 사람보다 자신을 잘 알고 있지요. 또한 오직 자신만이 알고 있는 몽상 같은 것들도 있습니다. 그러나 그렇다고 해서 착각이 전혀 없다고는 할 수 없으며 의구심이나 자아상을 수정해야 할 필요성 또한 존재합니다.

믿음에 대해서도 착각할 수 있습니다. 스스로를 자유롭고 세상에 개방적이며 정의감이 충만한 사람이라고 생각했다가 어떤 계기를 맞아 사실은 자신이 전체주의적 사고의 소유자이며 이익과 기득권에 충실한 사람이라는 것을 깨닫고 경악에 빠질 수도 있습니다. 이러한 오류는 우리가 말하는 동물이라는 사실과 큰 관련이 있습니다. 우리는 말하고 또 말하면서 결국은 우리가 말한 내용을 확신한다고 스스로 믿어버리며 행동으로까지 가져갑니다. 감정과 소망에 있어서도 말과 현실 사이에 거대한 격차가 있을 때가 있습니다. 실은 부끄러워 그저 도망가고 싶지만 분노와 공격의 언어가 그 상황과 타인들의 기대에 더 맞는 경우에 스스로도 분노하며 공격 욕구를 느꼈다가 몇 년이 지난 뒤 상황이 바뀌어 그제서야 자신의 진짜 감정을 알아채는 경우도 있습니다. 우리가 얼마나 언어의 희생양이 되는지에 대해서 이야기하려면 책한 권이 족히 나올 거예요.

　타인의 시선은 교정 기관이 될 수 있습니다. 우리는 타인의 시선으로 인해 자신이 믿고 있는 것을 실제로는 전혀 믿지 않고 있다는 것을 알게 될 수도 있습니다. 타인의 인식과 우리의 자아상 사이의 간극이 벌어지는 이유는 자아상이 자기기만에 매우 취약하기 때문입니다. 자기기만은 이익이 동기가 된, 자기 자신에 대한 착각이지요. 자아상의 인물처럼 생각하고 바라고 느끼는 사람이 **되고 싶은** 것이에요. 그러면서 자신을 그런 사람으로 그려놓습니다. 이 점은 특히 **도덕적으로** 의미 있는 사고와 소망과 감정이 관여할 때 더욱 중요합니다. 그럴 때 우리는 다른 사람들 앞에 서만 거짓을 말하는 것이 아니라 스스로의 앞에서도 거짓말을 하며 다른 누군가가 그것을 폭로하지 못하도록 이를 악물고 지켜내는 경우가 많습니다.

인식하고 조치하기

자신을 **인식**하는 것은 자신에 관해 **결정**하는 것의 한 형태입니다. 저는 자기 인식이 자기 결정과 매우 밀접하게 엮여 있다고 첫 번째 강의에서 이야기했습니다. 대부분의 경우 어떤 것은 쉽게 알아낼 수 있지만 다른 것은 잘 이해가 되지 않는 것도 있습니다. 행성과 행성의 궤도를 인식하기 위해 우리가 노력한다고 해서 궤도가 조금이라도 변화한다거나 하지는 않습니다. 인식은 대상에 대해 어떠한 영향도 미치지 않아요. 우리의 몸에 대해서도 마찬가지입니다. 몸을 이해한다는 것 자체가 몸의 변화를 의미하지는 않으니까요.

그러나 우리의 생각과 경험과 바람을 인식하려는 작업의 경우는 다릅니다. 하나의 문제에 대해 자신이 어떻게 생각하는지 자문할 때 단 하나의 뚝 떼인 질문만 나오지는 않습니다. 전체 사고 세계의 커다란 부분, 서로 의존하며 상호적으로 받쳐주는 여러 생각들의 복합체가 시험대에 오르는 것이지요. 어떤 생각을 진정으로 안다는 것은 그 생각에 어떤 생각이 선행하는지 그리고 어떤 생각이 뒤따르게 되는지를 안다는 뜻입니다. 다른 말로 하면 생각의 **근거**를 명시할 줄 아는 것이지요. 자신의 사고 세계를 명명백백하게 밝히고 싶다면 시험대에 올라 있는 그 생각의 근거를 얼마나 잘 밝힐 수 있는지 점검해야 합니다. 이 점검 과정이 미치는 파급 효과는 큽니다. 지금까지 가지고 있던 확신이나 믿음을 포기하고 다른 믿음을 받아들인다면 사고 세계에 광범위한 변화가 일어날 수 있으니까요. 여기서 인식은 인식된 것에 개입합니다.

감정과 소망에 있어서도 인식과 변화 사이에는 밀접한 관계가 있습니다. 우리의 감정과 바람은 종종 우리 자신에게도 불투명하고 혼란스러울 때가 많습니다. 이는 아무리 똑바로 정신을 집중하고 주의를 기울여도 풀리지 않는 불명확함에 그 원인이 있지요. 내적 인식을 예리하게 하는 것만으로는 충분하지 않습니다. 우리에게 필요한 것은 개념적 분화입니다. 내게 파고드는 이 불편한 감정은 두려움인가, 아니면 짜증과 분노인가? 사람들 앞에 나서려 할 때 느끼는 이 감정은 실패에 대한 두려움인가, 아니면 억눌려 있다가 급기야 폭발할지 모르는 다른 감정에 대한 두려움인가? 그리고 그것이 두려움이 아니라 짜증이나 분노라고 했을 때 정확히 누구 또는 무엇에 대한 분노인가? 몇 년 전부터 줄곧 나를 따라다니며 삶을 힘들게 하는 이 충동, 이것은 화려함을 향한 갈망인가 아니면 단순히 존재감을 확인하려는 욕구인가, 혹은 인정받고 싶은 더 깊은 차원의 갈망인가? 자신의 거짓과 사기가 실패하거나 까발려지는 것을 미리 막아내고자 하는 과열되고 부단한 열망은 아닐까?

이러한 질문에 대한 답을 얻어내고자 노력하는 과정에서 상황의 개별 요소들을 눈앞에 생생히 나열하다 보면 우리는 감정과 바람이 어떻게 변화하는지, 그리고 그것들이 삶의 역사에 서 있는 위치에 대해 다시 생각해보게 됩니다. 이는 경험이라는 측면에서도 변화를 가져옵니다. 내적으로 일어나는 드라마가 개념적으로 투명하고 명확하게 변화하여 삶의 역사를 잘 이해하게 되면 우리는 경험과 의지를 더 이상 덮어두지 않고 그들을 있는 그대로 인정할 수 있게 되니까요. 그렇게 되면 새로운 추진력이 발휘될 수 있고, 그 추진력이 새로운 방식으로 경험의 다른 영역들과 연결되어 우리가 그것을 행위의 새로운 패턴으로 삼을 수 있게 됩니다. 지금까지의 경직된 구조를 허물고 새로운 경험과 의지의 형태를 가능하게 만드는 정신적 발전이 이루어지는 것입니다. 여기서도 새로운 인식이 기존에 인식된 것에 개입하면서 자기 인식이 자기 결정으로 거듭납니다.

여기서 지금까지 아직 언급하지 않은 것이 있습니다. 바로 **인식된 것**과 **인식되지 않은 것**의 구별입니다. 자기 인식의 확장을 인식되지 않은 것이 인식의 영역으로 끌어올려지는 과정으로 해석할 수 있는데, 이것이 여러 의미를 가질 수 있다는 것을 확실히 이해해야 합니다. 첫째는 앞에서도 설명한 것처럼 과거에는 불분명하고 혼란스러운 형태로 존재했던 경험들에 대해 더욱 심도 있는 주의를 기울이는 것을 의미합니다. 그렇다고 해서 개념에 관한 표현도 반드시 함께 예각화되어야 한다는 것은 아니에요. 어디에 분류해야 할지 정확히 알지는 못한다고 해도 어떤 것을 좀 더 확실하고 또렷하게 느낄 수는 있기 때문입니다. 그런데 만일 새로운 개념적 정체성이 생기고 우리가 느끼는 것이 예를 들어 두려움이 아니라 부끄러움 또는 자존감의 상실이라는 것을 알게 되었다면, 이것은 인식이 새로운 단계로 올라간 것입니다. 이 현상은 내적 삶의 역사를 더 잘 이해하는 결과를 낳습니다. 즉 감당하기 너무 버거워서 자기 자신에게조차 숨기고 의식 저편 깊숙한 곳에다가 묻어두어야만 했던 과거의 실수나 과오에 어떤 것이 있는지 처음으로 알게 되는 것입니다. 한번 자아 검열의 힘을 꿰뚫어 보고 나면 그 힘에 대항하는 방법을 강구할 수 있고, 새로운 행동을 삶의 받아들일 만한 한 부분으로 인정할 수 있습니다. 한발 더 나아간 새로운 인식의 방식에 도달한 것이지요. 자기 인식은 이런 방법으로 우리를 변화시킵니다.

첫 번째 강의에서, 저는 자기 자신에 대한 이러한 이해와 인식이 아무 영향력 없는 단순한 점검으로만 끝나지 않고 내적 구조 변경을 이끌어내는 과정에 대해 언급했습니다. 우리는 자기 인식을 통해 자신의 개인적 정체성을 갈고닦습니다. 그런데 생각의 세계를 조명하고 자신이 생각하는 것이 과연 무엇인지 확인하려고 한다면 그것은 지적 정체성의 창조에 관한 문제가 됩니다. 여기저기서 끌어모은 생각의 조각들과 틀에 박힌 말로 반응하는 것이 아니라, 한 사물에 대한 통일된 생각의 합체를 찾아내는 것이지요. 그러려면 서로 멀리 떨어진 것처럼 보이는 생각의 영역들 간에 일관성 있는 연결을 맺어주는 작업이 필요할 때도 있습니다. 예를 들면 조세의 형평성과 국제적 빈곤, 또는 교육과 죽음에 대한 두려움 같은 주제들 간의 연관성 말입니다. 그들의 뿌리와 깊숙이 숨어 있는 의미를 이해하는 법을 배움으로써 그렇게 인식된 것을 바탕으로 자신의 소망과 감정에 영향력을 가하는 것은 한 발짝 더 나아간 것인데, 이는 자신이 어떤 사람이 되고 싶은지, 중요한 것이 무엇인지 그리고 미래에는 무엇이 중요할지에 대한 고민이 화두가 됩니다.

표현을 통한 자기 인식

막스 프리쉬는 이런 말을 했습니다. "글을 쓰지 않는 사람은 자신이 어떤 사람이 아닌지조차 알지 못한다." 좁은 의미에서 글자 그대로 해석한다면 난해하면서도 약간은 거만하게 느껴질 수 있는 말입니다. 자기가 어떤 사람이 아닌지 아는 것, 그리고 더 나아가 그를 통해 자신이 누구인지 막연하나마 알 수 있는 일이 일부 작가들의 특권인 것처럼, 또 자기 인식이 몇몇 특출한 문학가들의 신비주의적 독점물인 것처럼 들릴 수 있습니다. 문학의 역사는 자기 자신에 대한 맹목적 광기로 뭉친 자들로 가득 찬 곳이었으니까요.

그러나 막스 프리쉬의 말은 그런 뜻이 아닙니다. 그렇다면 뭐란 말인가요? 글을 쓰는 직업에서 눈을 돌려 일반적으로 생각했을 때 그의 표현이 설득력을 가집니다. 다시 풀이하면 자신이 누구인지 **표현**하지 않는 사람은 자신이 누구인지 알 수 있는 기회를 놓친다는 뜻입니다. 여기 들어 있는 개념을 설명하자면, 자신을 표현한다는 것이 별달리 자기 인식을 상실하지 않고도 억제할 수 있는 단순한 장식물이 아니라, 오히려 반대로 내 표현의 징표들이 삶의 방식과 그 방식 안의 개별성을 인식하게 해주는 소중하고 어쩌면 필수불가결한 수단이라는 것입니다. 이 생각은 폐쇄

된 내면의 공간에서는 자기 인식이 불가능하며 외부 세계로 가는 길을 걸어나가야 한다는 이전의 내용과 일맥상통합니다. 이런 의미에서 자기 인식은 내가 세상에 보여주는 징표와 그를 통해 남기는 발자취를 통해 가능합니다.

표현의 형태는 매우 다양할 수 있으며, 또 반드시 말이나 행위가 아니어도 됩니다. 음률이나 붓의 터치, 공예, 비디오나 사진, 춤, 옷 입기를 통해서도 가능하고 요리나 마당 가꾸기 같은 것들도 좋지요. 이 모든 것들은 자기 인식의 원천이 됩니다. 무엇을 만들었는지 그리고 어떻게 만들었는지를 관찰하며 내가 이런 사람이기도 하구나 하는 것을 알게 되는 거예요.

다양한 가능성을 상상하는 능력, 상상 속에서 불가능을 가능으로 만들어 실제 결과물에 변화를 만들어내는 그런 상상력이 없다면 계획적인 표현과 자기만의 스타일은 있을 수 없습니다. 그러므로 자신의 표현 안에서 스스로를 찾는다는 것은 자신의 상상력 안에서 스스로를 찾는다는 말과 언제나 일치합니다. 내가 이루어 낸 것, 그리고 내게서 나온 것들로부터 나는 상상의 힘의 구심점, 내 상상력이 가진 리듬과 흐름을 알아봅니다. 이러한 인식을 가장 크게 강조하고 효과적으로 행동으로 옮긴 사람이 바로 지그문트 프로이트입니다. 상상력이 가진 다층적이고 복잡다단한 논리의 맥락을 이해하는 것, 그리고 그 이해를 자기 인식에 이용하는 것이 그의 영원한 과제였습니다.

글을 쓰면서 스스로를 알아내기

막스 프리쉬는 이야기 쓰기, 특히 예술적인 글쓰기를 통해 이 과제를 훌륭히 해결해주는 특별한 형태를 알고 있었습니다. 문학적 텍스트는 경험을 예술적으로 나타내는 언어적 표현입니다. 작가는 가상의 이야기를 생각해내면서 자신이 얼마나 정확하게 세계와 자기 스스로를 경험하는지 알아내려고 하지요. 자신의 진짜 경험을 표현하기 위해 가공의 이야기가 필요하다는 것은 어찌 보면 모순일 수 있습니다. 픽션은 실제 경험의 흐름 속에서는 좀처럼 일어나지 않는 농축된 경험을 가능케 합니다. 가공의 이야기를 쓰는 것은 실험실과 같은 환경을 만들어서 드라마적인 전개라는 수단으로 혼란스러운 내적 세계의 한 면에 특수하게 밝고 선명한 빛을 비추는 작업이라고 할 수 있습니다. 이렇게 보면 자기자신을 이해하기 위해 다른 타자를 지어낸다는 행위가 더 이상 모순으로 생각되지 않아요.

이것은 우리가 끊임없이 가공의 이야기를 갈구하는 이유도 설명해줍니다. 우리는 현실에서 실제로 일어나는 사건에서보다 허구의 이야기 속에서 인간의 내면세계에 대해 더 많이 알게 되는 현상을 봅니다. 문학적 밀도를 지닌 이야기 속의 인물들은 다른 인물들과의 차별화와 개별화를 통해 자기 인식을 이뤄주는 하나의 수단이 됩니다. 독자는 만일 자신이 조르주 심농이나 퍼트리샤 하이스미스의 작품 속 인물처럼 범죄의 유혹에 빨려 들어간다면 어떨까 하고 스스로 묻게 되는 것이죠. 나라면 마담 보바리처럼 뛰쳐나갈까? 토마스 만의 작품[3] 속 인물 구스타프 아셴바흐처럼 폴란드 소년을 다시 한 번 보기 위해 페스트가 창궐하는 베네치아 해변으로 돌아갈 수 있을 것인가? 내면의 실루엣과 내 삶에서의 내면의 가능성을 알아보는 일에 관해서라면 상상으로 공감 능력을 훈련하는 이러한 연습이 크나큰 가치를 가집니다.

무엇보다도 서사적 텍스트를 쓰는 것은 자기 인식의 풍부한 원천이 됩니다. 자기 자신에 대해 배우는 일은 여러 가지 매우 다양한 차원에서 이루어집니다. 가장 쉽게 접근할 수 있는 차원은 선택된 특정 주제를 놓고 쓰는 것입니다. 마음속에서 그냥 생각나는 대로 쓸 것인지, 아니면 실제로 일어났던 사건을 줄거리로 삼을 것인지 또는 역사적 소설을 쓸 것인지 등등, 글쓴이가 무엇을 선택하는지는 겉으로 보기에 그저 단순한 우연 같지만 전혀 그렇

---

3 토마스 만의 단편 〈베네치아에서의 죽음〉.

지 않습니다. 하나의 이야기를 쓰기 위해서는 굉장한 정신적 에너지가 필요하며, 소재의 원천이 내면 깊은 곳에 뿌리를 두고 있어 그곳으로부터 필요한 에너지가 나오는 것을 느끼지 못한다면 그 글을 시작조차 할 수 없지요. 그래서 글쓴이가 어떠한 갈등을 겪고 있고 어떤 상처를 가지고 있으며 어떠한 갈망과 행복을 원하는지가 주제의 선택에서 나타나는 것입니다.

그러는 과정에서 글쓴이는 자신에 대해 조금씩 알아가게 됩니다. 필립 페를만이 등장하는 소설[4]을 써 내려가면서 제 안에 있는 범죄적 에너지를 발견했을 때 저는 깜짝 놀라면서도 한편으로는 신기하고 재미있기도 했습니다. 악보가 거듭 퇴짜를 맞을 때마다 피아노 조율사인 프리츠 배르치[5] 속으로 흘려들여보낸 원망과 한스러움이 얼마나 깊고 컸는지요! 제 가장 최근 작품[6]에도 나와 있지만, 자신감이 점점 빠져나가는 경험으로 얼마나 힘들었던지요! 운전에 자신이 없어하는 인물에 대해 쓴다고 해서 글쓴이 본인도 똑같이 운전에 자신이 없다고 느낄 필요는 물론 없습니다. 그러나 어떤 주제를 선정하는지 또한 무언가를 말해줍니다. 제가 예

---

4 저자가 파스칼 메르시어라는 필명으로 쓴 소설《페를만의 침묵(Perlmanns Schweigen)》(Knaus, 1995).
5 저자의 소설《피아노 조율사(Der Klavierstimmer)》(Knaus, 1998)의 주인공.
6 저자의 소설《레아》(두행숙 옮김, 상상공방, 2008).

전에 했던 말, 때로는 자신보다 다른 사람들이 더 많은 것을 본다는 말이 여기서 생각나네요.

주제가 아닌, 이야기를 써 내려가는 방식에 관한 모든 측면에 관해 작가가 아닌 타인들이 접근하기란 힘이 듭니다. 그 측면들은 문학을 문학답게 만드는 모든 것들인데요. 우선 몇 인칭 시점으로 쓸 것인가 선택하는 것에서부터 시작됩니다. 모든 서사에는 언어적 결정과 더불어 심리적으로 큰 영향을 미치는 이른바 극적 선택이 필요하지요. 외부로부터, 즉 삼인칭 시점으로 써 내려갈 것인가 아니면 일인칭 시점으로 등장인물들이 이야기하게 할 것인가? 어떤 것을 선택하느냐에 따라 내가 나에 대해 새로 알게 되는 것은 달라집니다.

외부 시점으로 써 내려간다면 서사의 언어가 순전히 등장인물들의 행동을 나타내는 언어가 되게 할 것인지 내면세계까지도 서술하게 할 것인지 결정을 해야 합니다. 이때의 선택은 작가 자신과 등장인물들의 관계, 그리고 이야기가 가지게 될 분위기로 구현됩니다. 그리고 작가가 주제 안에서 자신과의 관계에 대해 어떤 작업을 하게 될 것인지에 대해 다시금 알려줍니다. 결정을 내려야 할 것은 또 있습니다. 어떠한 서사의 차원에서 써 내려갈 것인지 말입니다. 즉 작가의 직접적인 언어가 될 것인지, 아니면 비록 제삼자의 목소리라고 하더라도 단어의 선택이나 음률이나 문장의 리듬 같은 면에서 각각의 등장인물들의 개성적 스타일이 드러나는 언어로 쓸 것인지 결정하는 것이지요. 일례로 《리스본행 야간열차》에서 나는 그레고리우스를 무작정 리스본으로 가게 만듦으로써 그것이 그가 세상에서 존재하는 방식임을 독자들이 얼핏 지나치기 쉬운 평범한 문장들 속에서 느끼도록 했습니다. 분위기라는 것은 하나의 작품에서 절대적으로 중요한 요소로, 그처럼 작가의 영혼을 잘 나타내주는 것은 없습니다.

그런가 하면 처음에 극적 선택을 이와 다르게 하여 등장인물들이 스스로 이야기하도록 수위를 설정한다면 작가는 또 다른 것을 배우게 됩니다. 즉 작가는 그들에게 각자의 특성이 살아 있는 말들을 줘야 하는 것입니다. 듣기에는 쉬운 것 같지만 사실 한없이 어려운 일입니다. 이 작업 또한 스스로를 이해하게 만드는 풍부한 원천이지요. 작가는 자신의 언어적 멜로디에서 벗어나 처음부터 끝까지 일관성 있는 전혀 낯선 다른 리듬을 만들어내야 하기 때문입니다. 이 낯섦의 경험이 작가가 자기 나름의 어법을 비로소 자신의 것으로서 듣고 그 안에서 거울처럼 자신을 비춰볼 수 있게 해주는 요소입니다. 자기 안에서 나가 자기가 아닌 다른 사람 속으로 들어감으로써 자기가 어떤 사람이 아닌지 아는 것, 바로 이것이 막스 프리쉬가 가장 직접적으로 말하고자 했던 것이기도 합니다.

진정으로 위대한 작가는 둘 사이의 간극이 특히 더 클 때 그 거리를 메울 줄 아는 사람입니다. 제롬 데이비스 샐린저가 십 대의 은어가 담겨 있는 독백을 통해 홀든 콜필드가 자신의 경험을 이야기하게 한《호밀밭의 파수꾼》이 생각나네요. 그런가 하면 입체적 소설 작법을 적용한, 다른 작품이 감히 넘볼 수 없는 최고봉이라고 할 수 있는 작품이 있습니다. 윌리엄 포크너는《소리와 분노》에서 한 가족의 운명을 네 명의 각기 다른 등장인물들의 목소리로 그려냈는데 그중 하나인 벤지는 조금 덜 떨어진 아이이기까지 했습니다. 어떻게 그렇게 잘 쓸 수가 있는지 도저히 이해가 되지 않을 정도로 훌륭하지요. 비결이 무엇인지 질문을 받았을 때 포크너는 이렇게 대답했습니다. "위스키죠. 담배 몇 개비랑 위스키만 많이 있으면 됩니다."

작가의 시점과 더불어 단어와 문체도 스스로를 알아가는 데에 중요한 도구입니다. 펜을 손에 들고 이렇게 물어봅시다. 어느 단어, 어느 말이 내 것이고 내 것이 아닌가? 어떤 말을 썼을 때 편안하고 어떤 말이 그렇지 않은가? 왜 그런가? 저는 책을 쓸 때 붉은 목록과 검은 목록, 이 두 가지 말의 목록을 작성합니다. 검은 목록에는 손쉽게 꺼내 쓰게 되지만 이야기와 인물에 맞지 않아서 반드시 피해야 되는 단어들이 올라 있습니다. 붉은 목록에는 바로바로 생각나지는 않지만 이야기의 분위기에 잘 맞아 전개에 도움을 줄 수 있는 단어들이 적혀 있고요. 이렇게 하다 보니 그동안 많은 목록이 생겨나게 되었습니다. 지금 다시 보면 이해가 되는 것들도 있고 그렇지 않은 것들도 있습니다. 자신만의 언어를 통해 어떠한 길을 밟으면서 살아왔는지 떠올리는 것, 이것 또한 자기 인식의 한 형태입니다.

무엇이 가장 좋은 표현인가?

자기 인식은 성장할 수 있습니다. 그러한 발전을 가장 잘 나타내려면 어떻게 설명하면 좋을까요? 무엇이 적절한 설명이며 올바른 비유와 개념일까요?

자연법칙과 마찬가지로 우리 자신에 관한 **사실**들을 더 많이 발견하는 것이 중요하다고 할 수 있습니다. **표면**과 **심층**이라는 은유를 사용해봅시다. 만일 우리 자신 속으로 계속 깊게 파들어 가서 사고와 감정의 정체가 누워 있는 바닥에 닿는다고 해요. 이러한 생각은 자기 인식이라는 것이 표면과 심층을 분리하여 우리가 **원래** 어떤 사람인지 알아내는 것에 있다는 사고방식입니다.

그러나 이것이 유일한 방법은 아닙니다. 자기 인식은 정신적 사실들에 대한 접근이 아니라 삶에서 서로 유의미한 연관성을 가능한 한 많이 부여해주는 우리 자신에 대한 **이야기의 발전**이며, 그를 통해 서로를 이해하고 자기 자신도 이해하게 된다고 보는 시각도 있을 수 있습니다. 여기서 발전이란 심층으로 파고들어가는 것이 아니라 삶에 대해 끊임없이 새로운 이야기를 발전시켜 나가고 창조해내어 우리가 타인과의 관계를 앞으로 **진전시키는** 데에 도움이 되게 만드는 것을 뜻할 것입니다. 이렇게 볼 때 나에 대한 진실 같은 것은 없을 것이며 내가 본래 누구인지와 내가 누구로 보이는지의 차이를 구분 짓는 것은 무의미해집니다.

첫 번째 해석에 따르면 자기기만을 발견하는 것은 실제 사실을 드러내는 것에 있습니다. 두 번째 해석에 따르면 전체 이야기에 들어맞지 않는 조각을 치워내고 일관성 있는 새로운 조각으로 끼워 넣는 것이고요.

저는 두 가지 중에 어느 것이 더 적절한 해석인가 하는 문제를 놓고 학창시절부터 고민해왔지만 아직까지 확실한 의견에 도달하지 못했습니다. 이 주제에 관해서는 존 듀이, 넬슨 굿맨, 그리고 리처드 로티의 글을 읽는 것이 도움이 됩니다. 언어적으로 만들어진 가상의 현상과 세계, 하나의 행위로서의 인식, 그리고 진실과 인식의 현실적 해석이 가지는 경직성과 광기에 대해 잘 나와 있습니다. 이 글들을 읽으면 답답했던 것이 풀리는 시원함을 얻을 수 있을 것인데, 문장 또한 세련되어서 저도 가끔 인용한 적이 있습니다. 그러나 그와 더불어 제가 실제로 체험한 것들, 그리고 제 작품 속에 나오는 등장인물들이 경험한 많은 것들을 떠올리기도 합니다. 자신의 감정 중심점이 어디에 있는지 아주 정확히 느끼고, 그렇기에 '이것이 진실이고 또 내면의 사실이다. 내적 진실들은 내가 이렇게 저렇게 꾸며댈 수 있는 한낱 알량한 이야기가 아니다'라는 것이 여기서 나올 수 있는 단 하나의 자연스러운 해석입니다. 어떤 것이 옳은 것일까요? 솔직히 말하자면 아직도 모르겠습니다.

자기 인식은 왜 값진 것인가?

이제 남은 강의에서 우리가 다룰 다음 질문에 대한 대답도 반드시 그 답을 알아야 할 필요가 없으니 다행이라 할 수 있겠습니다. 우리 자신에 대한 진정한 사실이나 가장 적절한 이야기를 찾아야 하는 동기는 무엇일까요? 자기 인식은 어째서 값진 것일까요?

앞서 말한 바와 같이, 그중 한 가지 이유는 우리의 삶과 감정이 더 이상 서로 맞지 않을 때 필요하기 때문이라는 것입니다. 그럴 때에 위기를 극복하고 계속 살아가기 위해 자신을 새로이 보고 이해하는 법을 배워야 합니다. 이는 중요하고 또 실질적인 이유로, 자기 인식의 추구가 한가한 사람의 사치품도 아니고 일부 사람들만을 위한 인위적이고 철학적인 이상도 아님을 보여줍니다.

　그러나 다른 이유도 분명히 있습니다. 우리는 모두 우리에게 진실을 추구하고자 하는 욕구와 지적 정직성이 있다는 사실을 압니다. 기만과 스스로에 대한 속임수의 베일 뒤에서 인생을 보내기를 원치 않지요. 이것은 우리 밖의 외부 세계에 대해서도 통용됩니다. 불쾌하고 상처 주는 것들에게 압사당하지 않기 위해 그것을 일부러 무시하거나 미화할 때도 물론 있습니다. 그러나 그럴 때조차 눈에 띄지 않는 곳에 숨어 조용히 재깍거리며 언젠가는 문제와 대면해야 할 것이라고 우리에게 말해주는 무언가가 있다는 느낌을 지울 수가 없지요. 이 느낌은 이름 붙이기는 쉬우나 이해하기는 어려운 어떤 현상과 관련이 있습니다. 그것은 바로 자기 존중이지요. 불편한 진실을 또 한 번 피해 가는 자신을 보면서 우리는 스스로를 존중할 수 없습니다. 존중은커녕 명확하고 격렬한 경멸을 느끼지요.

　이것은 특히 우리 자신에 관한 진실이 문제가 될 때 더욱 큰 폭으로 나타납니다. 대상은 그야말로 다양합니다. 외국어를 배울 때 쉽고도 빨리 배우는 사람이 되고 싶은 마음이 절실하지만 사실은 그런 능력을 타고나지 못했다는 것을 인정해야 할 때도 있습니다. 심적으로 독립적이고 여유만만한 사람이라고 자신에게 애써 이야기해왔지만 실제로는 항상 다른 사람들의 의견을 훔쳐

보고 눈치 보기에 급급했다는 것을 인정하고 이제 자신을 속이는 짓을 그만두어야 할 때도 있습니다. 과거의 과오를 자아상에서 끄집어낸 새로운 모습으로 손쉽게 바꿔치려던 시도를 그만두고 그대로의 나를 인정하고 응원해야겠다고 생각할 때도 있고요.

이러한 욕구의 뿌리가 어디에 있는지 밝히는 문제는 그리 간단한 것이 아닙니다. 앞뒤가 딱딱 들어맞고 잘 먹혀들기까지 하는 거짓말로 나를 보호하지 않을 이유가 대체 어디 있단 말입니까? 그러나 실은 자기 존중과 자기 인식의 추구는 바로 이 방식으로 서로 맺어져 있습니다. 그리고 이 연결은 우리가 살아가는 방식을 제대로 이해하는 것이 어째서 성공한 삶의 한 부분인가에 대해 아주 중요한 답이 됩니다.

또 다른 이유는 자기 인식이 자기 결정적 삶이라는 이상에 대해 의미하는 바에 있습니다. 자기 결정은 외적으로 해석될 수 있는데, 그 경우 행동의 자유를 뜻하게 됩니다. 반면, 내적으로 해석될 때에는 사고와 경험과 의지에 있어서 내가 되고 싶은 상태로 존재하는 것을 뜻합니다. 따라서 경험과 자아상이 서로 멀리 떨어져 있을 때 나에게는 자기 결정력이 없습니다. 두 개의 간극이 클 때 우리는 그것을 내적 자유의 제한, 즉 내적 강박으로 받아들입니다. 그러면 안 된다는 것을 알면서도 도박장 문턱을 밟을 때, 세계시민의 한 사람이 되고 싶으면서도 국수주의적 정당에 표를

던질 때, 관대하고 배려심 많은 사람이 되고 싶으면서도 하는 생각과 행동은 편협하고 뒤끝이 있을 때, 충분히 겪어서 알면서도 실패할 게 불 보듯 빤하게 한결같은 유형의 이성만을 번번이 선택할 때 등등이죠. 이처럼 내적 자기 결정이 부재한 상황은 내적 갈등과 상처로 이어져 자기 인식에 파문을 미칩니다. 그렇게 되면 그 상심의 근원과 논리와 역동성을 이해해보려 노력하게 되고요. 이러한 이해는 훗날 내적 강박에서부터의 해방과 변화를 일으키기도 하며 새로운 종류의 경험과 행위를 위한 물꼬를 터주는 계기가 됩니다. 환자들에게 상실된 내적 자유를 다시 찾아주는 것이 자신의 일이라고 프로이트는 줄곧 말하곤 했습니다.

자기 인식은 자유의 원천이며 따라서 행복의 원천이기도 합니다. 자기 인식의 요소 중 하나는 자기 삶의 시간과 자유로운 관계를 맺는 것입니다. 기억은 사람을 가두는 감옥이 될 수 있고 뒷걸음질을 강요하기도 하며 미래를 바라보는 홀가분한 시선을 차단하기도 합니다. 기억이 휘두르는 전횡을 막는 방법은 오직 자기 인식뿐입니다. 즉 우리를 숨 막히게 하는 기억의 강박적 힘이 어디서 오는지, 그 뒤에는 무엇이 숨어 있는지를 이해하고 시간이 흐른 훗날에도 기억의 무게가 좀처럼 상대화되지 않는 현상을 이해하는 것이지요. 우리 자신에 대한 이해를 깊게 하는 것은 미래에 관해서도 결정적으로 중요합니다. 무의식적으로 세운 계획도 우리를 가두는 틀이 될 수 있기 때문입니다. 새로운 성과를 올리고 끊임없이 능력을 보여야만 사람들이 나를 좋아할 거라는 생각을 무의식중에 하면서도 깨닫지 못하고, 모르는 사이에 사람들이 무시할 수 있다는 근거 없는 두려움과 외로움에 목이 졸려 스스로 지운 능력과 성공의 기준에 쫓겨 다니며 살지만 정작 자신의 인생을 제대로 살아보지 못한 사람이 될 수도 있습니다. 어떤 힘이 나를 조종하는지 알아내지 않으면 사물을 바꿔볼 기회는 영영 오지 않아요.

이러한 이유들은 자기 인식이 어째서 가치 있는지, 적어도 왜 나 자신에게 소중한지를 설명해줍니다. 그런데 타인들, 그리고 내가 그들과 맺는 관계에 있어서의 이유들도 결코 가볍지 않습니다. 타인의 요구를 배려하고 존중하려는 동기, 그리고 그들도 나에게 똑같이 하리라는 기대에서 비롯된 도덕적 친밀성에 따라 그들과 살아가는 것은 우리 삶에서 매우 중요합니다. 타인의 욕구로 말미암아 내가 어떤 행위를 하거나 어떤 것을 허용한다는 것이 도덕적 관점의 핵심입니다. 바꾸어 말하면 이런 개념을 전혀 모른다면 사람은 잔인한 존재가 될 수밖에 없습니다. 타인을 나의 욕구를 만족시키는 수단이자 도구로만 보는 것이지요. 타인을 존중하고 그들의 욕구를 배려하려면 그들을 **타자로서** 인식해야 하고, 그러기 위해서는 자신이 누군지 아는 것이 먼저 선행되어야 합니다. 도덕적 존중은 종종 우리 자신에 대한 맹목적 생각 앞에서 좌절되곤 합니다. 이것 또한 잔인함과 크게 다를 바가 없지요. 자기 자신이 하는 행동의 동기에 대한 이해가 적을수록 잔인함으로 치우칠 위험은 높아집니다. 우리의 시기와 미움, 드러나지 않는 질투심, 비록 겉으로는 아니라고 하지만 숨겨져 있는 증오 같은 것들을 알지 못하기 때문에 일어나는 잔인한 폭력이 많습니다.

그러나 잔인함을 피하는 것뿐만 아니라 인간관계의 진실성에 있어서도 자기 인식은 그 가치를 발휘합니다. 자신을 안다는 것은 타인이 어떤 사람인지에 대한 나의 생각, 그리고 그 사람이 어떠했으면 좋겠는지에 대한 나의 생각, 그 두 가지 사이의 차이를 구별할 줄 안다는 것입니다. 다시 말하면 내가 그 사람에게 투사하는 것이 과연 무엇인지를 꿰뚫어 보는 것이지요. 그리고 반대로 나에 대한 타인들의 투사를 알아차리고 그들의 희생양이 되지 않도록 하는 일도 잊지 말아야 합니다. 이것은 우리가 그 어떤 감정도 무위로 끝나는 포템킨 전함의 단단한 표면 같은 얼굴이 아닌, 진실하고 교류 가능한 감정들을 가지고 우리 자신을 대면하기 위해 매우 중요한 일입니다.

스스로를 잘 아는 사람들은 자신에 대한 이해가 없는 사람들과는 다른 인간관계를 맺습니다. 이들의 만남은 좀 더 살아 있고 세심하며 재미가 있지요. 그렇기 때문에 자기 인식은 역시 소중한 가치인 것입니다.

문화적
정체성은
어떻게
탄생하는가?

한 사람의 정체성은 유전자, 신체 구조, 물리적 현상 등 신체가 가진 조건으로만 결정되지 않습니다. 사람에게는 문화적 정체성이라는 것이 있지요. 살아가면서 경험을 겪는 사람은 우리가 문화라고 부르는, 다의미적이면서 의미를 촉발하는 활동들의 복합적인 구조로 인해 큰 영향을 받습니다. 인간은 자연과의 관계, 타인과의 관계, 그리고 자기 자신과의 관계를 세우기 위해 이러한 구조를 만들어냅니다. 이러한 방향성은 우리의 사고뿐만 아니라 감정에도 해당하며 소망과 행위의 지침이 됩니다. 인간이 사는 문화적 구조는 단일하지도 않고 변하지 않는 것도 아닙니다. 공동체마다 매우 다른 짜임을 가지며 시간의 변화에 따라 같이 변화합니다. 한 사람의 문화적 정체성이란 어떤 특정한 시대에서 이 짜임 안에 위치한 장소를 일컫지요.

교양은 여러 지식을 통해 비판적이고 의식적으로 문화를 받아들이는 것을 가리킵니다. 누군가가 자신의 문화적 정체성을 만들어간다는 것은 바로 이 받아들임과 습득의 과정이지요. 이 과정을 여러 단계로 나누어, 각 단계들에 대한 고찰을 앞으로 소개하도록 하겠습니다. 각 단계의 설정은 문화를 바라보는 측면이나 차원에 따라 달라집니다. 이 강의의 구성에 대한 개괄을 돕기 위해 먼저 하나의 문화에서 가장 중요한 차원들을 하나씩 짚어볼 것입니다. 더불어 문화적 정체성 습득의 단계들이 어떤 모습을 하는지 자문해보려고 합니다. 문화적 정체성과 그 형성에 대한 이해를 조망할 수 있는 명확한 그림이 나올 수 있기를 기대합니다.

모든 것의 열쇠는 언어다

우리를 문화적 존재로 만드는 기본적인 능력은 언어입니다. 왜 그럴까요? 하나의 문화가 가지는 가장 큰 사고적 성과는 이해함인데 언어가 우리에게 그 이해의 능력을 부여하기 때문입니다. 단어와 문장을 구사하는 능력을 갖추기 전에는 세계에서 일어나는 인과관계의 힘에 무조건적으로 휘말릴 수밖에 없습니다. 그러나 언어를 경험하게 되면서 세계를 대하는 우리의 위치는 달라집니다. 세계의 인과율에 기호 체계로 반응할 수 있게 되면 세계가 우리의 사고 체계 안에 수용되고 편입될 수 있는 이해 가능한 것이 됩니다. 이것은 자연과 타인에 대해서도 또 우리 자신에 관해서도 마찬가지입니다. 자연현상을 이해하는 것이나 타인의 행위 및 자신의 경험을 제대로 이해하는 것이 결국 다르지 않다는 것입니다. 이들의 이해는 모두 언어를 통해 이루어집니다. 언어는 세계를 맹목적 인과율의 차원에서 이해 가능한 사건의 차원으로 변화시키지요.

언어에 이런 능력이 있는 것은 경험을 개념적으로 조직하는 일을 가능하게 해주기 때문입니다. 개념이란 술어, 즉 행동하는 말입니다. 개념은 우리가 만나는 대상과 사건 들을 분류하고 하나의 개별적인 사건을 일반적인 것의 예시 가운데 하나로 이해할 수 있도록 도와줍니다. 만일 언어가 없다면 우리의 체험은 단순한 느낌 이상이 되지 못할 것이며 언어 없는 직관은 맹목으로 남을 것이지요. 우리는 언어적 서술을 통해 사물의 감각이 주는 단순한 윤곽을 넘어설 수 있고, 이것은 오직 언어의 습득을 통해 대상의 정체를 밝혀주는 체계적 범주화의 방법을 배웠기 때문에 가능합니다.

이것은 공동체의 구성원으로서만이 할 수 있는 일입니다. 언어란 기호 체계이며, 기호는 일정한 규칙에 의해 작동합니다. 이 규칙은 행성의 궤도 같은 자연의 규칙이 아닙니다. 이것은 인간이 발견한 것이 아닌, 그렇게 하자고 정한 상호 협정 같은 규칙이며 하나의 기호가 어떻게 **쓰여야 마땅할지**를 정해놓은 규범의 성격을 가지고 있습니다. 이러한 규칙은 올바른 사용과 올바르지 않은 사용을 구별하며 우리는 이 구별의 옳고 그름을 판단하는 기준으로 타인을 세웁니다. 언어가 가능한 문화적 존재는 실제적으로뿐만 아니라 개념적 이유로 인해 공동체의 구성원이 됩니다.

언어를 습득하여 문화적 정체성으로의 첫걸음을 내디딘다는 것은 어떤 의미일까요? 습득의 맨 첫 번째 단계는 말을 그대로 따라 함으로써 모국어를 배우는 적응과 조정의 과정입니다. 길들임과 훈련이라고도 할 수 있지요. 보상과 교정을 통해 그 언어에서 요구하는 표준적 용법을 구사하면서 한 언어를 배워가는 것입니다. 그저 맹목적으로 말을 따라 하며 배웁니다. 그렇게 계속하다 보면 마침내 복잡하게 생각하지 않고도 말을 할 수 있는 사람의 정체성을 가지게 되는 것입니다.

그런데 두 번째 단계에 이르러서는 그 의미가 달라집니다. 이 단계는 그동안 단순한 습관이나 능력에 지나지 않던 것에 이제 확실하게 몰두하는 단계입니다. 즉 모국어의 문법을 배우며 언어 법칙에 대한 지식을 습득하는 것이지요. 여기에는 새로운 어휘를 습득하고 유의어를 탐구하며, 어떤 말이 다양한 삶의 문맥에서 적절하게 사용되었는지를 공부합니다. 이제 우리는 어떤 언어 **안에서**뿐만이 아니라 그 언어에 **대해** 이야기할 수 있는 사람이 된 것입니다. 이것은 말하는 존재로서의 자신의 문화적 정체성에 표현력과 사고력, 그리고 투명성을 가져다줍니다.

자신이 쓰는 언어에 대한 분명한 **지식**이 심화된 **이해**로 이행될 때 투명성이 확대됩니다. 이것이 바로 언어 습득의 세 번째 단계입니다. 자신의 언어가 어떻게 발전해왔는지에 대한 이해도 여기에 포함되지요. 교양이란 동시에 항상 역사적 의식이기도 한 것입니다. 신문 기사, 연설문, 광고 카피, 소설 같은 것들이 과거에는 어떤 느낌으로 읽혔는지, 그리고 오늘날에는 왜 다르게 이해되는지 알고 싶은 궁금증이 생겼다고 할 때, 그 궁금증의 배경에는 어떠한 의식의 변화가 있었던 것일까요? 느낌이 어떻게 변했기에 예전에 쓰던 말에 대해 깔깔 웃거나 쓴웃음을 짓거나 불평할 수 있는 것일까요? 이 단계에 이르러서는 자신이 쓰는 언어를 자기 성향과 세계관을 이해하는 표현으로, 즉 정신세계의 표현과 틀로 사용하기 시작합니다. 언어적 정체성은 정신적 정체성을 표명하는 성격을 띱니다.

이러한 형태의 이해는 자신의 언어를 다른 언어와 비교하기 시작하면서 더욱 깊어집니다. 동사 변화와 어미변화 등이 전혀 없거나 시제 표현이 다르거나 악센트에 따라 의미가 달라지는, 자신이 전혀 모르는 외국어라고 해도 마찬가지입니다. 이것이 언어 습득의 네 번째 단계지요. 오늘날 외국어를 배우는 이유로는 직장이나 사업, 체면, 돈 같은 것들에 있어서의 이로움이 전면에 부각되고 있습니다. 외국어는 곧 외국 시장을 의미한다는 것이죠. 그러나 실은 그렇게 단순하지 않아요. 우리는 언어의 낯섦에서 다른 정신의 낯섦을 배울 수 있습니다. 우리의 범주와는 다른 범주, 행위와 관습을 서술하는 다른 방식, 자신과 타인의 경험을 언어화하는 다른 방식이 존재함을 보고 이를 이해하는 법을 배우는 것입니다. 여기서 더욱 중요한 것이 있습니다. 다른 삶의 운율을 알게 된다는 것이지요. 언어를 바꾸면 삶은 다른 소리와 맛을 냅니다. 하나의 경험이 주는 분위기와 필체와 속도가 달라지지요. 세상 안에서 존재한다는 것이 다르게 느껴지는 것입니다.

사고의 또 다른 카테고리와 삶의 다른 멜로디를 새롭게 배우는 것은 사람의 교양에 있어 매우 중요한 의미에서의 결정적인 깨달음을 선사해줍니다. 모국어의 습득을 통해 내 것이 되었던 언어적 정체성과 사고의 정체성은 이제 필수불가결한 것이 아님을 알게 됩니다. 내 모국어는 그저 시대적, 지리적으로 우연히 내가 쓰는 언어가 된 것뿐이며 다른 것이었을 가능성도 충분히 있는 것입니다. 문화적 정체성이란 우연한 것이며 항상 대체물이 있습니다. 교양은 바로 이러한 우연성을 인정하는 것이고요. 교양은 자만심과 독단론, 외부의 것에 대한 무조건적인 낙인과 평가절하로부터 우리를 방어합니다. 여기에 기회주의적이며 말만 번지르르한 관용과 구별되는 진정한 관용의 뿌리가 있습니다.

언어 습득의 마지막 단계는 선택의 가능성이 있음을 인정하고 언어적 대안을 인지한 상태에서 하나의 언어를 선택하고 그 언어에 자신을 동화시키는 것입니다. 이는 낯선 것들에 시달린 끝에 지쳐 익숙한 것으로 돌아오는 것과는 다르지요. 자신이 선택한 언어의 틀 안에서 **자신의 목소리**를 발전시키는 것, 이것이 언어적 교양의 최고 단계입니다. 그리고 시인과 작가 들이 시도하는 것이기도 하고요. 대개의 경우 선택된 언어는 원래 처음에 배운 언어입니다. 그러나 아일랜드인인 사무엘 베케트와 스페인인인 호르헤 셈프룬(Jorge Semprun)은 프랑스어로 글을 썼고 조지프 콘래드와 블라디미르 나보코프, 조지프 브로드스키는 작가로서의 정체성을 외국어로 배웠던 언어에서 찾았습니다.[1]

---

1   조지프 콘래드는 우크라이나 출신으로 영국에 망명했으며, 블라디미르 나보코프와 조지프 브로드스키는 러시아 출신으로 미국에 망명하여 모두 영어로 작품 활동을 했다.

지식, 진실, 그리고 이성

우리가 한 언어의 문장을 배울 때에는 그 문장 뒤에 따라오는 것과 문장 이전에 선행하는 조건을 함께 배우게 됩니다. 다시 말해, 언어를 배우는 것은 **근거를 밝힌다**는 개념을 배우는 것이라고 할 수 있습니다. 근거를 밝힌다는 것은 닫는 것이라 말할 수 있고, 제대로 닫는다는 것은 진실을 그대로 보존하면서 하나의 문장에서 다른 문장으로 넘어가는 것입니다. 우리는 언어를 통해 자신이 하는 말의 근거를 댈 줄 아는 존재, 즉 이성적이며 생각하는 존재가 됩니다.

공동체의 문화적 정체성에 있어서 결정적인 것은 구성원이 사고와 이성, 지식과 진실을 어떻게 이해하느냐입니다. 이런 것들에 대한 이해에 관한 말은 우선 다른 사람들의 말을 그대로 흉내 내는 것에서부터 출발합니다. 타인들이 이러한 개념들에 대해 하는 말들을 그대로 따라 하는 게임인 것이지요. 교양이란 이렇듯 익숙한 개념적 경로에서 뒤로 물러나 언어 습득의 두 번째 단계에 서서 우리가 대체 무슨 말을 하고 있는 것인지 스스로 물어보는 것입니다. 그러면 교육의 과정에서 전형적인 현상이 일어납니다. 믿음이 낯설어지고 후에 그 믿음이 투명성을 얻고, 그다음 비로소 자기 것이 되어 다시금 친숙해지는 것이지요. 플라톤은 대화를 통해 이 과정을 끊임없이 펼쳐 보였습니다. 소크라테스는 묻습니다. 지식이란 과연 무엇인가? 단순한 의견과 지식은 어떻게 다른가? 그리고 진실이란 무엇인가? 세계는 우리의 의견을 어떤 의미에서 맞다고 또는 그르다고 하는가? 그리고 진실이 중요한 이유는 대체 무엇인가?

언어의 경우와 마찬가지로 이러한 낯설어짐과 새로운 습득의 과정은 사고의 투명성이 커지게 합니다. 우리는 가정과 주장의 근거를 밝히고 확인하고 거부하는 등의 일을 개별적으로 실천함으로써 투명성을 확장할 수 있습니다. 세계에 대해 우리가 하는 말의 근거는 어떤 종류의 것인가요? 경험으로 안다는 것의 의미는 정확히 무엇인가요? 경험과 무관한 지식이 있을까요? 어떤 것을 학문적 지식으로 만드는 것은 무엇인가요? 그리고 학문이란 무엇인가요? 학문의 권위가 가지는 근거는 무엇인가요? 교양에는 역사적 인식도 포함됩니다. 문화에서 과학과 기술이 이토록 중심적 역할을 하게 된 이유는 무엇인가요? 과거에는 어땠을까요? 오늘날의 학문은 우선 자연에 대한 학문에서 출발하여 발전해왔습니다. 거기서 어떻게 사람의 정신과 영혼을 다루는 학문, 즉 심리학이 발전할 수 있었을까요? 그리고 그 모든 것이 우리의 삶, 더불어 우리가 세상에서 존재하는 방식에 의미하는 바는 무엇일까요?

오늘날 우리가 서 있는 이 지역에서의 문화적 정체성은 계몽이라고 부르는 사상적 과정에서 유래했습니다. 그 과정을 거치면서 우리는 다음과 같은 질문을 던지는 법을 배웠지요. 내가 **진정으로** 알고 이해하는 것은 무엇인가? 나와 타인이 믿는 것들 중에 그 토대가 불안한 것은 무엇인가? 우리는 학문과 이해를 중간 점검하는 법도 배웠습니다. 나는 내 확신에 대해 어떠한 근거를 가지고 있는가? 그것은 믿을 만한 근거인가? 근거가 되는 것처럼 보이는 것이 실제로 근거가 되는가? 하나의 근거가 주장이 되게 만드는 원리를 어느 정도나 신뢰할 수 있는가? 어떤 것이 유효한 결론이며 어떤 것이 잘못된 결론인가? 훌륭한 논리와 교묘한 말장난은 어떻게 다른가? 진짜 설명과 가짜 설명의 차이점은 무엇인가? 이성에 대한 우리의 이해는 바로 이러한 논리적 물음의 공간에서 규정되며, 그 이해는 한 공동체의 문화적 정체성을 구성하는 중심적 요소입니다.

또한 이러한 인식에도 대체물은 있습니다. 신비주의적 사상이 과거에 큰 역할을 담당했거나 지금까지도 여전히 그 역할을 담당하는 문화도 있습니다. 이러한 문화에서는 이성적 세계관보다 신비적 요소가 우선시되어, 의학과 같은 영역에서도 신비적 요소가 행위의 동기가 되곤 합니다. 우리에게는 비이성적으로 비치겠지만요. 여기에서도 교양은 타인의 것을 그대로 낯설다고 인식하고 또 인정하여 결국 무엇이 이성적인가에 대한 자신의 이해를 규정하는 사고와 행위의 패턴을 명확하게 확인하는 것이라고 할 수 있습니다.

타인의 시선

물론 하나의 문화가 언어와 사상으로만 이루어져 있는 것은 아닙니다. 문화는 인간이 자기 자신이나 타인과 어떠한 형태와 방식으로 관계를 맺고 있는가, 그리고 이 관계를 어떻게 경험하는가에 대한 것이기도 합니다. 우리는 삶의 대부분 동안 타인의 시선을 받으며 살아가는데, 자신이 누구인가 하는 것은 우리가 이 시선을 어떻게 경험하는가, 또 어떤 식으로 대면하는가 하는 것과 연관되어 있습니다. 문화적 정체성은 타인과의 친밀감과 거리감에서 느끼는 감정, 즉 **친밀성**과 **낯섦**에 대해 어떤 생각을 가지고 있는가에 의해 결정됩니다. 우선 신체에 대해 말해보자면 나체, 성적 매력, 신체적 결점 등을 어떻게 느끼느냐, 즉 정숙함, 야함, 음탕함 같은 것들을 어떻게 정의 내리느냐 하는 것을 생각해볼 수 있습니다. 그러나 이런 것들 말고도 문화가 말하는 것의 범위는 훨씬 넓습니다. 전체적으로 본다면 결국 개인적인 것과 공개적인 것의 차이를 어떻게 보느냐 하는 것, 즉 극소수의 사람에게만 허용되는 것과 모든 사람이 보고 알아도 되는 것의 차이에 대한 인식에 있습니다. 비밀도 사회적 보호막도 없이 존재하는 정신적 정체성은 이 세상에 존재하지 않습니다. 그러나 밝혀지지 말아야 하는 것이 무엇이며 타인에게 공개되어도 좋은 것이 무엇이냐 하는 문제는 문화에 따라 그 관점이 다릅니다. 그에 따라서 **수치심**에 대한 인식도 달라집니다. 수치심이란 숨기고 싶은 무언가를 들켰을 때 느끼는 감정이기 때문이니까요. 뿐만 아니라 웃음과 울음도 예외는 아닙니다. 이 두 가지는 자신을 가리고 있는 장벽이 뚫려 그 안에 있는 것들이 겉으로 드러날 때 나타나는 반응이기 때문이지요.

개인적인 것과 공개적인 것이 나타내는 패턴은 우리가 마치 모국어를 배울 때처럼 차차 배워 습득하게 되는 감정과 태도로 이루어집니다. 훗날 습득의 두 번째 단계에 이르러 우리는 비밀과 친밀성과 수치심을 주제로 삼아 고민하는 법을 배우게 되며 마침내 이 모든 것들이 서로 어떻게 연결되어 있는지, 그리고 자신을 덮친 막강한 감정의 근원이 어떠한 인간상에 기인하는지 자문하는 기회를 갖게 됩니다. 몸에 대한 평가는 어떠하며 그에 대해 어떻게 생각하기에 그러한 감정을 느끼게 되었는가? 은밀성과 개방성에 대한 경계선을 이렇게 또는 저렇게 그을 경우에 타인에 대한 태도는 어떻게 달라지는가? 자신을 숨기고 싶은데 그렇지

하지 못해 창피함을 느끼는 경우에 우리는 우리 자신과 어떤 관계에 있는가?

교양의 다음 단계에서는 또다시 경험이 중요한 역할을 합니다. 어렸을 때부터 우리에게 많은 영향을 끼쳤던 것들이 반드시 불가결한 것은 아니며 다르게도 경험할 수 있다는 사실을 이해하는 것이 중요합니다. 다른 나라에서는 나체가 다른 의미를 가질 수도 있으며 비밀의 의미도 달라질 수 있고 수치심도 다른 의미로 받아들여질 수 있습니다. 그것을 알게 되었을 때 우리는 크게 놀라 자신의 느낌과 행동에 대해 다시 한 번 생각해보게 되어 과거의 패턴을 떨쳐버리고 다른 방식을 따라 하려고 시도할 수 있습니다. 또는 다른 문화를 보고 난 후 그것을 자신이 원래 영향을 받았던 패턴에 새롭게 동일화하는 일도 일어날 수 있습니다. 두 가지 경우 모두 우리는 과거보다 한층 자신감 있고 깨어 있는 문화적 정체성을 가지게 되며 자신만의 목소리를 낼 수 있습니다. 교육과 습득의 과정이 이를 이끌어낸 것이지요.

자기 결정과 존엄성

친밀성과 수치심의 감정은 그 문화 안에서 **존엄성**이 어떻게 이해되느냐 하는 것과 큰 관련이 있습니다. 존엄성은 보통 일반적으로 생각하는 것보다 훨씬 복합적이고 다층적인 개념입니다. 그것은 타인이 한 사람에게 허용하고 금지하는 지위를 가리키며, 그런 의미에서 법에 비견할 만합니다. 뿐만 아니라 존엄성은 자기 존중의 사고와 연관되어, 누구나 각자 스스로가 책임을 지는 감정과 행위의 패턴에 대한 의미도 포함합니다. 문화와의 적극적이고 상호 교류적인 작업인 교양에는 자신과 타인에 대해 존엄성이 있거나 없는 관계가 무엇인지에 대한 고민과 고찰이 항상 뒤따라야 합니다. 단순히 고통스럽거나 힘든 삶과 존엄성이 박탈된 삶은 어떻게 다른가? 형벌 중에 존엄성을 빼앗아 가는 것과 그렇지 않은 것은 무엇인가? 존엄성이 지켜지거나 상실되는 경험에 있어서 직업과 돈은 어떠한 역할을 하는가? 욕구 발산의 종류 중에 존엄성의 틀 안에서 이루어지는 것과 경계를 넘어서는 것은 무엇인가? 체면을 지키거나 잃는 것은 하나의 문화 안에서 어떤 의미를 갖는가? 굴욕을 가한다는 것의 의미는 무엇이며 굴욕에 대해 존엄성을 지키며 반응하려면 어떻게 해야 하는가?

존엄성은 자기 결정과 밀접한 관계가 있습니다. 누군가 다른 사람을 무시하거나 허수아비로 만들거나 조종함으로써 존엄성을 빼앗는다면 존엄성의 상실은 자기 결정의 상실과도 관련이 있는 것입니다. 또한 누군가에게 복종하여 나의 존엄성을 스스로

떨어뜨리거나 약물, 성공 등에 중독되는 것도 나 자신에 대한 결정권, 즉 내 권위를 잃어버린 것을 뜻합니다. 그리하여 어떤 문화를 이해하거나 배우려고 할 때에는 그 문화에서 자기 결정과 자유가 어떻게 이해되는지, 그리고 그들에 대한 경험이 어떤 무게를 갖는지 반드시 스스로 물어보게 되는 것입니다. 어떤 기관이나 회사와의 일체감, 또는 종교적 역할이나 가족 내에서의 역할이 개인의 자기 결정력을 최대화하고자 하는 욕구보다도 더 중시되는 문화도 있습니다. 여기서 교양은 존엄성의 개념과 마찬가지로 자신이 어떤 사람이 되고 싶은지에 대한 명확한 생각을 세우려는 시도입니다. 자신이 받은 맹목적 영향에 어떤 것이 있는지 눈앞에 떠올려보고 그것에 대해 성찰하고 고민하는 법을 배우며, 깊숙이 숨겨져 있던 인간에 대한 생각과 자신에 대한 시각을 의식 위로 끌어올립니다. 이렇게 인식된 대안을 통해 마침내 이렇게 말하는 자신의 목소리에 이르게 되지요. "다르게 볼 수 있다는 것을 나는 안다. 그러나 나 개인적으로는, 존엄성과 자유가 있는 삶 속에서 나는 다른 방식이 아닌 내가 보는 바로 그 방식으로 이해한다." 이렇게 말할 수 있다면 지구상 어느 땅에 살든 자신만의 문화적 정체성을 이뤄낸 것입니다.

도덕: 잔인함과의 싸움

살아가는 동안 타인의 시선을 받음과 동시에 그들과 다양한 교류를 나눈다는 사실은 그들의 이익이 나의 이익과 상반될 경우 어떤 태도를 보이는가 하는 질문으로 이어집니다. 문화란 곧 여기서 해결책으로 제시되는 제안이기도 합니다. 타인의 이익 관계를 자신에게 얼마나 이득이 되느냐로만 계산하고 그들을 조종하는 방법이 있을 수도 있습니다. 이는 매우 싸늘한 문화일 거예요. 실제로 어느 문화권에서나 타인의 이익이 자신의 소망을 포기하는 이유로 작용할 수 있다는 생각이 존재합니다. 이것이 도덕이 취하고 있는 형식적 관점이지요. 분노, 원망, 도덕적 수치심 같은 것들이 전형적인 도덕적 감정입니다. 이 감정들은 도덕적 입장이 침해받았을 때, 또는 다른 표현을 빌리자면 **잔인하게** 취급되었을 때 일어나게 됩니다. 여러 문화는 각기 어떠한 도덕적 입장을 취하는지, 그리고 배격해야 할 잔인함을 어떤 모습으로 생각하고 있는지에 따라 서로 달라집니다. 투석형(投石刑)과 사형은 잔인한 행위인가요? 감옥은 잔인한가요? 정신과 폐쇄병동은 어떻죠? 황색저널리즘에서 사생활을 까발리는 행태는요? 모욕을 주고 놀림감으로 삼는 행위는요? 말을 하지 않음으로써 상대방을 벌주는 것은 어떠한가요? 그리고 다음과 같은 기본적 질문에 대해서도 문화에 따라 다른 대답이 나올 수 있습니다. 목적이 수단을 정당화하나요? 사람의 목숨을 구하기 위해 고문을 가할 수 있나요? 어떠한 상황에서라도 절대 해서는 안 되는 일이 존재할까요?

하나의 문화적 정체성은 동시에 도덕적 정체성이기도 합니다. 도덕적 정체성은 실제 여행을 통해서든 아니면 책이나 다큐멘터리 영화를 통한 간접 여행을 통해서든 배워서 습득할 수 있습니다. 이러한 여행은 교양의 가장 중요한 과제 가운데 하나지요. 여기서도 배움은 역시 표현과 경계 짓기, 그리고 의식적으로 달성된 정체성 찾기입니다. 그러나 도덕적 정체성은 특히 더 까다롭고 특수한 경우라고 할 수 있습니다. 다른 문화적 정체성과는 달리 구속력을 가진다는 점에서 그렇지요. 무엇이 잔인한가에 대한 도덕적 인식과 확신은 그것을 가진 사람에게는 절대적으로 중요한 것입니다. 교육을 받은 자로서 도덕적 정체성을 가진 사람은 그 도덕적 인식과 확신이 형이상학적인 필연성 없이 우연적으로 이루어지며 다른 관점도 있을 수 있다는 것을 물론 알지만, 그렇다고 해서 그 문제에 대해 이래도 좋고 저래도 좋다는 관용으로까지 이어가지는 않습니다. 도덕적 판단은 취향의 문제와는 달라서 포용할 수 있고 없고가 거론될 일이 아니에요. 누군가가 고문, 사형, 선량한 사람을 공개적으로 모욕하는 일, 터무니

없는 부정 등을 도덕적으로 **논할 필요도 없는** 부당함으로 선언
한다면 그것은 그 사람에게 있어서 전혀 흥정의 여지가 없는 정
말로 명백한 부당함인 것입니다. 이때 그 사람이 가진 문화적 정
체성을 역사적으로 우연히 생겨난 것으로 돌리며 "나 개인적으
로는 그 문제를 이렇게 생각하지만 다른 지역에서는 다른 기준
이 통용된다는 것을 인정할 수밖에 없으니 그쪽에서 일어나는
일에는 관여하지 않으련다"라는 식의 입장을 취할 수는 없습니
다. 이것은 사고의 차원에서나 감정의 차원에서나 마찬가지예
요. 왜냐하면 도덕적 행위라는 것은 잔인함을 목격했을 때 관여
하는 것이기 때문이지요. 그러므로 내적 모순에 부딪히는 도덕
적 정체성은 예외 없이 모두 이율배반적 성격을 가지고 있습니
다. 즉 우리는 도덕적 정체성에 관한 자신의 생각이 역사적 조건
에 바탕을 두고 있으며 동시에 상대적이라는 것을 알고 있지만,
그것을 절대적인 것으로 내세울 수밖에 없는 이유는 그렇지 않
으면 자신이 가진 확신의 진정성이 상실되기 때문입니다. 필요
하면 폭력을 써서라도 개입해야겠다고 결심하게 되는 이유는 바
로 이 갈등에서 연유합니다. 이것은 문화적 정체성에 있어서 죽
음을 의미하지요.

종교적 정체성과 현세적 정체성

한 인간의 도덕적 정체성은 많은 경우 종교적 정체성에 바탕을 둡니다. 일반적으로 말해서 종교란, 세계의 기원에 관한 해설과 도덕성에 대한 개념, 그리고 죽음이나 고통이나 고독 등 인간의 능력을 넘어서는 힘을 이겨내는 해결책을 제시할 때 필요한 세 가지 요소를 갖춘 세계관입니다. 하나의 문화를 이해하려면 그 문화가 얼마나 그리고 어떤 형태로 종교적 영향을 받는지를 먼저 이해해야 합니다. 교육의 과정을 통해 자신이 받아온 영향에서 벗어나서 문화적 정체성을 발전시키는 작업에 의식적으로 참여할 때, 반드시 자신의 종교적 세계관을 정면으로 바라보고 정의해야만 합니다. 신의 천지창조를 믿는가, 아니면 생물학과 우주물리학에서 자연적 세계 발생의 해설을 찾고 있는가? 도덕적 판단을 신의 권위와 경전에 의지하는가, 아니면 비극 없이 더불어 살아가기 위해 스스로와 타인에게 존중과 양보에 관한 어떤 것을 요구할 수 있을지 자립적으로 숙고하면서 자신의 도덕적 감정에 귀 기울이고 있는가? 그리고 고통과 죽음 앞에서 종교가 제공하는 제례에서 위안을 얻는가, 아니면 나름대로의 감정과 행위로 길을 찾아 극복하는 방법을 택하는가?

이 물음들에 대한 대답은 앞에서 언급되었던 문화적 정체성의 다른 여러 측면들, 즉 이성과 학문에 대한 평가 또는 자기 결정권이 가지는 무게 등과 무관하지 않습니다. 교양을 지닌다는 것은 문화적 정체성이 가지는 다양한 차원들에 일관적인 연관성을 부여하는 매우 어려운 과제를 의미합니다. 의학이 기반을 둔 경험적이고 실험적인 과학을 신뢰하는 사람이라면 죽음 후의 삶, 즉 뇌에 깃든 영혼이 독립적으로 생명을 갖는다고 믿기가 힘들 것입니다. 또 생각과 느낌과 행동에 있어서 스스로 권위를 가지고자 한다면 종교가 제시하는 '하라' 계명과 '하지 말라' 계명 사이에서 풀리지 않는 갈등에 빠질 것입니다. 우리 모두는 문화적 요소들이 혼재된 큰 도가니 속에서 자라나는데 그 요소들이 상충하지 않는 경우도 많습니다. 앞에서 말했던 습득의 단계들은 정체성으로 나아가는 단계인데, 이 정체성은 합당한 행위를 하려는 마음가짐을 가지고 의도적으로 특정한 요소를 선택하거나 선택하지 않음으로써 일관성에 도달하려는 욕구에서 형성됩니다. 또한 그렇게 하는 사람은 자신의 결정이 역사적, 사회적, 심리적으로 조건부, 즉 우연적임을 항상 염두에 둡니다.

이것은 이제 나오게 될 문화에 관한 두 가지 커다란 테마에도 해당됩니다. 바로 **의미**와 **행복**에 대한 인식이지요. 종교적 정체성 안에서 사는 사람에게는 의미 있고 행복한 삶에 대한 정의가 이미 존재합니다. 이 정의는 경전이나 계시, 또는 종교 기관과 같은 외부의 권위로부터 내려진 것이지요. 그에 따르면 각자의 삶이 의미 있는 이유는 만들어지는 데에 자신이 전혀 참여하지 않은 어떤 다른 큰 차원의 계획이나 뜻에 들어맞기 때문입니다. 그리고 그러한 삶의 행복은 피상적 즐거움이나 잠깐의 기쁨 그 이상의 것이어야 하며 자신의 힘으로 알 수 없는 어떤 의미의 한 부분을 차지할 때에 옵니다. 현세적 정체성은 달라요. 거기에는 자신과 별개의, 그 상위의 의미란 존재하지 않으며 자신의 욕구와 동떨어진 행복의 기준도 없습니다. 자기 삶의 의미는 각자가 만들어내며 자신의 정신적 삶의 논리에서 도출되고 또한 언제든지 변화할 수 있으며, 이러하거나 저러해야 한다는 교훈을 주는 권위를 인정하지 않습니다. 이와 같은 종교적 문화와 현세적 문화 사이의 차이점을 다르게 표현할 수도 있겠습니다. 모든 문화에는 **무엇이 중요한가**에 대한 정의가 있다고 말이에요. 종교적 문화의 경우 이것은 종교 지도자나 기관, 경전에 의해 명시됩니다. **내게 중요한 것**과 종교 기관이 중요하다고 말하는 것 사이에 거대한 간격이 벌어질 수 있습니다. 그러나 현세적 문화의 경우에는 다르죠. 문화 구성원 각자가 자신에게 중요한 것이 무엇인지 말하며, 종교적 연관성에서와는 달리 우리가 **중요하다고 여기는 것**과 실제로 **중요한 것** 사이에 원칙적인 차이가 없습니다. 의미와 행복과 중요성에 관한 한 우리는 우리 위에 있는 존재에 대해 아무런 책임이 없는 것이에요. 책임은 오직 스스로, 그리고 타인에 대해 질 뿐입니다. 이점은 간단해 보이지만 동시에 어려운 일이기도 합니다. 외부의 생각에 휘둘릴 필요가 없다는 점에서 수월하기도 하지만 다른 한편으로 자기가 중요시하는 것에 대한 명확한 인식을 가지기 위해 자기 인식과 자기 자신에 대한 통찰이 필요하다는 것을 의미하기에 어려운 일이 되는 것이지요. 그러므로 자신을 알고 이해하는 일은 중대한 의미를 가진 교양의 핵심적 구성 요소입니다.

아는 문화와 체험된 문화

삶의 모든 단계에 거쳐서 진행되는 교양이라는 어려운 과정은 우리 각자만 겪는 것이 아닙니다. 하나의 문화도 이야기와 드라마와 신화와 동화, 은유, 유머, 문학적 주제, 영화, 그림, 조각, 사진적 상징, 오페라, 거리에서 불리는 노래 같은 것들이 펼쳐지는 공간입니다. 우리가 누구인지, 중요한 것이 무엇인지를 알아내기 위해 우리는 문화적 공간의 요소들에 우리를 비춰보기도 합니다. 그리고 그 안에 있는 것들에 자신을 동일시하거나 경계를 짓지요.

이 대목이 나오기를 오래 기다렸습니다. 여러분은 이 이야기가 왜 처음부터 나오지 않고 이제야 나오는 건지 의아해할 수도 있을 것입니다. 그에 대한 대답은, 단지 하나의 문화를 **아는 것**과 **체험하는 것**을 구별하는 일이 저에게는 중요하기 때문이라는 것입니다. 이 두 가지는 매우 자주 혼동되곤 합니다. 하나의 문화권을 매우 잘 이해하고 그에 대해 속속들이 알지만 그 문화의 요소들이 자신의 정체성을 이루거나 결정하지 않는 경우가 있습니다. 한 나라 또는 한 시대의 연극과 소설, 영화, 노래를 매우 정확히 알고 그에 대해 많은 이야기를 할 수 있음에도 불구하고 그것들은 내 삶의 방식 밖에 머물러 있는 것이지요. 이런 경우 그것들은 내 지식과 박학함을 이루는 내용이기는 하지만 내 교양의 구성 요소는 아직 아닌 것입니다. 어떠한 상황에 적합한 문화적 이야깃거리를 전후 문맥에 맞게 적절히 꺼내어 활용할 줄 아는 단계에 올랐다고 해도 마찬가지입니다. 설령 남 앞에서 보이기만 위해서라거나 아는 척한다는 의심을 받지 않기 위해 그저 자기 혼자서만 문학이나 그림이나 음악 등의 지식을 즐긴다고 해도 달라지지 않습니다. 문화의 주제는 앞에서 말한 습득의 과정에서 어떤 특정한 역할을 수행할 때에만 교양에 진정한 도움을 줍니다. 자신이 쓰는 언어가 독서를 통해 풍부해지고 차별화되고 독립적이 되고 나서야 비로소 교양의 차원에서 무언가 변화가 일어났다고 할 수 있습니다. 인간의 이성에 관해 쓰인 글들을 읽고 고찰한 후 그것이 자신의 사고와 행위의 조직 속에 골고루 파고들어야 그 글이 비로소 교양의 경험이 될 수 있습니다. 또한 무대나 영화 속에 등장하는 타인들의 시선에 대해 깊이 생각해본 후 사적인 것이나 은밀함, 수치심에 대한 자신만의 뚜렷한 견해를 세울 수 있어야만 관객으로서 자신의 교양에 도움을 주는 행위를 했다고 말할 수 있지요. 문화적 공간 속에서 우리는 자기 결정, 존엄성, 도덕적 경험 등에 대해 많은 것들을 듣고 볼 수 있습니다. 그러나 그들에 대한 이해와 경험이 자기 안의 것들을 스스로도 느낄 수 있을 만큼 변화시키지 않는다면 비록 풍부한 지식은 있을지 몰라도 아직 교양의 단계에 이르지 못한 것입니다. 문화가 가진 종교적 요소도 별반 다르지 않습니다. 아는 것만으로는 충분하지 않아요. 그들과 정면으로 마주보고 내적 입장을 표명한다는 심정으로 자신만의 목소리를 만들어나가야 합니다.

교양을 쌓는다는 것, 그것은 잠에서 깨어나는 것과 같습니다. 이 글을 시작할 때 언급한 문화적 구조는 처음 우리가 삶을 시작할 때 우연히 우리에게 닥쳐와서 영향을 주고, 거부하거나 어찌해볼 겨를도 없이 우리에게 깊은 흔적을 남깁니다. 우리는 그 안에서 마치 몽유병 환자처럼 거닐지요. 목적지를 향해 조용히 눈에 띄지 않게, 그러나 감정이나 사고의 입체성 없이, 반응적 거리감이나 대안에 대한 의식 없이 움직입니다. 그러나 앞서 말했던 습득의 과정과 단계를 밟으면서부터 우리는 조금씩 깨어갑니다.

자신에게 주어진 문화의 문법에 대해 말하는 법을 배우고 그것을 더 큰 문맥에서 이해하고 나면 그 문화가 복수의 가능성 가운데 하나임을 알게 되는 것이지요. 전체적으로 조망하는 능력과 투명성이 확대될수록 내적 자유도 확대되어 맹목적으로 각인되었던 틀에서 벗어나 진정으로 자신이 어떤 사람이 되고 싶은지 물을 수 있습니다. 이러한 교양과 깨어남의 과정에는 끝이라는 것이 없습니다. 문화적 정체성은 고정되거나 최종적인 것이 아닙니다. 문화적 존재에 있어 특별한 점은 그 자신이 항상 새롭게 화두가 된다는 것, 그리고 자신이 누구이며 자신에게 중요한 것이 무엇인지 질문을 던질 수 있다는 것입니다. 올바르게 이해된 교양은 이러한 질문에 대한 답을 주는 복잡한 과정입니다.

참고문헌

* 참고문헌은 원제를 번역하여 원어명을 병기하는 것을 원칙으로 하되, 한국어 판본이 있는 경우 그 제목을 따르고 한국어 판본의 출간 정보를 병기하였습니다.

첫 번째 강의

첫 번째 강의를 여는 문장들에는 철학을 내가 이해하는 철학으로 특징 짓는 사고적 단계들이 이미 드러나 있다. 그것은 아무 생각 없이 익숙하게 **사용**해오던 개념들에서 벗어나 그 개념에 대한 분석적이고 신중한 **논평**으로 이행하는 것이다. 이러한 단계들, 그리고 거기에 따르는 모든 철학적 고찰은 J. F. 로젠버그의 저서 《철학의 기술》(프랑크푸르트: 클로스테르만Klostermann, 1986/서광사, 2009)에 명쾌하게 제시되어 있다. 비슷한 책으로는 홀름 테텐스(Holm Tetens)의 《철학적으로 논쟁하기(Philosophisches Argumentieren)》(뮌헨: 베크Beck, 2004)가 있다.

의지와 사고에 있어서 우리가 스스로를 '부동의 동력'으로 볼 수 없다는 주장에 관한 상세한 논리는 나의 저서 《자유의 기술(Das Handwerk der Freiheit)》(뮌헨: 한저Hanser, 2001) 2부에 전개되어 있다.

정신의 제한성이 우리를 환경의 꼭두각시로 만들어버릴 수도 있다는 두려움에 대한 논쟁을 다룬 책 중에서 가장 인상 깊은 것은 대니얼 데닛의 《엘보룸(Elbow Room)》(케임브리지, 매사추세츠 주: 매사추사츠공과대학 출판부MIT Press, 1984)이다.

자유와 자기 결정에 대한 또 다른 위협은 뇌 연구 분야에서 대두되고 있는 듯하다. 비단 최근뿐 아니라 이미 오래전부터 뇌 연구에서는 뇌의 활동에 우리의 정신이 얼마나 크게 좌우되는지를 증명하려 해왔다. 내가 이 부분을 다루지 않은 이유는 언어와 현실에 대한 매우 광범위한 고찰이 수반되어야 하기 때문인데, 그러기에는 여러 가지 여건이 허락하지 않기 때문이다. 그러나 신경생물학적 결정론의 관점에서 보더라도 자유 결정이 불가능하다고 할 수는 없다. 이에 대해서는 나의 에세이 〈뇌의 활동이 의지의 자유를 무너뜨리는가?(Untergräbt die Regie des Gehirns die Freiheit des Willens?)〉(《베를린 신학 연구지Berliner Theologischen Zeitschrift》, 2005호 부록)에 언급되어 있다.

자기 자신을 테마로 삼기

자기 자신을 테마로 삼는 능력을 해리 G. 프랭크퍼트(Harry G. Frankfurt)는 자신의 저서 《우리가 관심을 갖는 것의 중요성(The Importance of What We Care About)》(케임브리지: 케임브리지대학교 출판부Cambridge University Press, 1988)의 중심 주제로 삼았다. 그는 여기서 무엇보다 내적 거리 두기를 통한 평가에 대해 주로 이야기한다. 첫 번째 강의와 두 번째 강의에서 내가 말하고 싶은 것은 인식의 내적 거리 두기도 그에 못지않게 중요하며 인식과 평가는 서로 따로 떨어질 수 없이 긴밀하게 묶여 있다는 것이다.

이야기하기의 구심점이 되는 중심체로서의 자아

디터 토매(Dieter Thomä)의 저서 《너 자신을 이야기해봐(Erzähle Dich Selbst)》(뮌헨: 베크, 1998)를 읽으면 많은 도움이 된다.

자신만의 목소리를 발견하는 행위로서의 자기 결정

내가 이 주제에 대해 많은 것을 배울 수 있었던 책은 스탠리 카벨(Stanley Cavell)의 《말의 도시들(Cities of Words)》(케임브리지, 매사추세츠 주: 하버드대학교 출판부Harvard University Press, 2004)이다.

자신의 이익에 대한 깨우침의 표현으로서의 도덕

이 주제에 대해 페터 슈테머(Peter Stemmer)가 자신의 저서 《타인을 위한 행동(Handeln Zugunsten Anderer)》(베를린: 데 그루이터de Gruyter, 2000)에서 명확한 논리로 파헤쳤다. 내가 **도덕적 친밀성**이라고 부르는 것은 이 책에서 언급하지 않은 모든 도덕적 경험을 광범위하게 포괄한다.

라브뤼예르의 말은 그의 에세이《인간에 대하여(de l'Homme)》제76장에서 인용했다.

첫 번째 강의를 마치면서 모든 개념은 반드시 역사를 가진다는 점, 그리고 그 역사에 대한 지식은 언제나 개념의 한 일부분이라는 점을 여러분에게 다시 상기시키고 싶다. J. B. 슈니윈드(J. B. Schneewind)의《자율의 발명(The Invention of Autonomy)》(케임브리지: 케임브리지대학교 출판부, 1998)은 자율과 자기 결정에 대한 개념이라는 주제로 쓰인 훌륭한 저작이다.

두 번째 강의

두 번째 강의의 첫머리에서 소개한 자기 인식의 역동성과 논리에 대해 필자가 가장 많이 참고한 책은 리처드 월하임의《삶의 맥락(The Thread of Life)》(케임브리지: 케임브리지대학교 출판부, 1984)이다.

자기기만이라는 현상에 대한 연구 사례들을 광범위하게 수집하여 모아 놓은 책으로는 브라이언 매클로플린(Brian McLaughlin)과 어멜리 로티 (Amélie Rorty)가 쓴《자기기만에 대한 관점(Perspectives on Self-Deception》(캘리포니아 주립대학교 출판부University of California Press, 1988)이 있다. 자기 인식을 통해 얼마나, 그리고 어떤 방식으로 변화할 수 있는지에 대해서는 리처드 모런(Richard Moran)이 자신의 저서《권위와 틈(Authority and Estrangement)》(프린스턴Princeton, 2001)에서 훌륭하게 분석한 바 있다.

감춰진 감정들을 인식하고 드러내는 것에 대해서 내가 언급한 내용은 당연히 지그문트 프로이트의 저작에 기반을 둔 것이다. 그는 이에 대해 《정신분석입문》에서 일목요연하게 논리를 펼치고 있다. 자신의 감정에 대한 분석을 주제로 쓰인 뛰어난 저작으로는 에바 베버구스카르(Eva Weber-Guskar)의《감정의 명료함(Die Klarheit der Gefühle)》(베를린: 데 그루이터, 2009)이 있다.

인용된 막스 프리쉬의 말은 어느 인터뷰에 등장한 것이다. 막스 프리쉬는 프린스턴대학 강의에서 글을 쓰는 이가 문장을 써 나가면서 어떻게 자신을 알아가는가에 대해 이야기했는데, 이 강의는 주어캄프(Suhrkamp)에서 2008년에《검은 정사각형(Schwarzes Quadrat)》이라는 제목으로 출판되었다. 본문에서 언급한 글쓰기의 경험 중 또 다른 많은 예가 마리오 바르가스 요사의《젊은 소설가에게 보내는 편지》(아리엘/플라네타Ariel/Planeta, 1997/새물결, 2005)와《픽션에 숨겨진 이야기》(투스케츠Tusquets, 1971/문원출판, 1995)에서 인용된 것이다. 또한 스텐 나돌니(Sten Nadolny)의《이야기하기와 좋은 의도(Das Erzählen und die Guten Absichten)》(피퍼Piper, 1990)와 후고 뢰쳐(Hugo Loetscher)의《이야기하기를 이야기하다(Vom Erzählen erzählen)》(디오게네스Diogenes, 1988)에도 관련된 이야기가 나온다. 더불어 나는 페터 한트케(Peter Handke)의《세상의 무게(Das Gewicht der Welt)》(주어캄프, 1979)도 이 테마와 관련해 반복해 읽곤 한다.

존 듀이에 관해서는 1929년에 출판된《확실성의 탐구》를, 넬슨 굿맨에 관해서는 1978년의《세계 성립의 방법들(Ways of Worldmaking)》(케임브리지, 매사추세츠 주: 해킷Hackett)을, 그리고 리처드 로티에 관해서는《주관성, 객관성 그리고 진실(Objectivity, Relativism and Truth)》(케임브리지: 케임브리지대학교 출판부, 1991)을 염두에 두었다. 이 틀 안에서 만들어진 자기 인식의 해석을 '프래그머티즘적' 해석이라고 부른다.

자기 결정을 방해하고 자기 인식으로 향하는 길을 포기하게 만드는 내적 강박 현상에 대한 이야기는 나의 저서《자유의 기술》에 상세히 나온다. 이와 더불어 이 책에서는 자기 결정과 시간을 경험하는 것 사이에 어떠한 관계가 있는지도 설명하고 있다.

세 번째 강의

이 강의에서 언급된 교양의 개념은 나의 에세이 〈교양이란 무엇인가?(Wie ware es, gebildet zu sein?)〉(H. U. 레싱H. U. Lessing, V. 슈테엔블록V. Steenblock 편저,《인간을 인간이게 하는 것Was den Menschen Eigentlich zum Menschen Macht》, 카를 알버Karl Alber, 2010)에 전개된 논지에 따른 것으로, 여기에는 **교양**이란 **교육**과 전혀 다른 것임이 나타나 있다.

언어란 무엇인지에 대한 철학적 이해에 관해 필자에게 도움을 주었던 책은 다소 오래전에 나온 조너선 베넷(Jonathan Bennett)의《언어 행동(Linguistic Behaviour)》(케임브리지: 케임브리지대학교 출판부, 1976)이다.

이보다 좀 더 언어학적 방향으로 연구한 저서로는 유르겐 트라반트(Jür-gen Trabant)의《언어란 무엇인가?(Was ist Sprache?)》(뮌헨: 베크, 2008)가 있다.

외국어로 글을 쓰는 작가가 정체성을 키우는 것에 대해

솔로몬 볼코프가 조지프 브로드스키와의 인터뷰를 기록한《조지프 브로드스키와의 대화(Conversations with Joseph Brodsky)》(뉴욕: 더 프리 출판사The Free Press, 1998)가 특히 내게 깊은 인상을 남겼다.

인식, 이성, 진실, 현실에 관한 철학적 질문들의 논리적 공간을 주제로 한 나의 저작으로《인식의 분석 철학(Analytische Philosophie der Erkenntnis)》(프랑크푸르트: 아테나움Atenäum, 1987)가 있다. 토마스 그룬트만(Thomas Grundmann)이 편저한《인식 이론(Erkenntnistheorie)》(파더보른: 멘티스Mentis, 2001)에서 이 주제에 대해 더욱 진전된 논리가 전개된다.

공적인 것과 사적인 것의 구분에 대한 이해, 그리고 그 구분의 문화적 상대성에 관해 레이몬드 게스의《공적 재산과 사적 재산(Public goods, private goods)》(프린스턴: 프린스턴대학교 출판부Princeton University Press, 2001)에서 많은 것을 배웠다.

존엄성의 개념과 그와 연관된 경험들에 대해 더 알고 싶다면 아비샤이 마갈릿의《품위 있는 사회》(베를린: 알렉산더 페스트 출판사Alexander Fest Verlag, 1997/동녘, 2008)와 랄프 슈퇴커(Ralph Stoeker) 편저의《인간 존엄성(Menschenwürde)》(빈: öbv+hpt, 2003)을 읽어보기를 권한다.

의미, 중요성, 행복에 관한 이해에 있어서의 다양성과 변화 가능성에 대해 내가 크게 도움을 받은 저작으로 미하엘 함페(Michael Hampe)가 쓴 《완전한 삶(Das Vollkommene Leben)》(뮌헨: 한저, 2009)가 있다.

감사의 말

이 글은 그라츠 아카데미의 초청으로 2011년 초에 열린 강연을 기록한 것이다. 소중한 기회를 주신 것에 감사드린다. 흥미를 가지고 집중해주었던 청중들과 사흘간 함께 토론할 수 있었던 좋은 기회였다. 강연의 내용을 글로 다시 구성할 때 청중들에게서 나온 여러 질문과 의견 들을 많이 참고했다. 강연을 준비하고 진행하는 데에 애써준 아카데미의 아스트리드 쿠리 씨에게 많은 감사를 드리고 싶다. 또한 계속해서 그라츠 강의집을 출판하고 있는 레지덴츠 출판사에게도 감사드린다. 특히 같이 일하면서 더없이 좋은 경험을 선사해준 클라우디아 로메더 씨에게 고마운 마음을 꼭 전하고 싶다.

2011년 6월
베를린에서 페터 비에리

자기 결정

행복하고 존엄한 삶은 내가 결정하는 삶이다

1판 1쇄 발행 2015년 9월 14일
1판 21쇄 발행 2024년 7월 15일

지은이 · 페터 비에리
옮긴이 · 문항심
펴낸이 · 주연선

(주)은행나무

04035 서울특별시 마포구 양화로11길 54
전화 · 02)3143-0651~3 | 팩스 · 02)3143-0654
신고번호 · 제 1997-000168호(1997. 12. 12)
www.ehbook.co.kr
ehbook@ehbook.co.kr

ISBN 978-89-5660-924-9 03100